editorial**Sol90**

图说人类文明史
安第斯和印加

西班牙 Sol90 出版公司 编著
同文世纪 组译   张钊 译

中国农业出版社
农村读物出版社
北　京

图书在版编目（CIP）数据

图说人类文明史. 安第斯和印加 / 西班牙Sol90出版
公司编著；同文世纪组译；张钊译. —— 北京：中国农
业出版社，2024.9
　　ISBN 978-7-109-29145-4

　　Ⅰ. ①图… Ⅱ. ①西… ②同… ③张… Ⅲ. ①印加帝
国－文化史－通俗读物 Ⅳ. ①K103-49

中国版本图书馆CIP数据核字（2022）第028576号

GRANDES CIVILIZACIONES DE LA HISTORIA

Incas y culturas andinas

Author: Editorial Sol90

Based on an idea of Daniel Gimeno
Editorial Management Daniel Gimeno
Art Direction Fabián Cassán
Editors 2019 Edition Joan Soriano, Alberto Hernández
Writers Juan Contreras, Gabriel Rot
Research and Images Production Virginia Iris Fernández
Proofreading Edgardo D'Elio
Producer Marta Kordon
Layout Luis Allocati, Mario Sapienza
Images Treatment Cósima Aballe
Photography Corbis, Science Photo Library, Getty, Sol90images
Illustrations Dante Ginevra, Trebol Animation, Urbanoica Studio, IMK3D, 3DN, Plasma Studio, all commisioned specially for this work by Editorial Sol90.
www.sol90images.com

图说人类文明史

安第斯和印加

本书简体中文版由西班牙Sol90出版公司授权中国农业出版社有限公司于2023年翻译出版发行。
本书内容的任何部分，事先未经版权持有人和出版者书面许可，不得以任何方式复制或刊载。
著作权合同登记号：图字 01-2020-5344 号

中国农业出版社出版
地址：北京市朝阳区麦子店街18号楼
邮编：100125
项目策划：张志 刘彦博　　责任编辑：刘彦博　　责任校对：吴丽婷　　责任印制：王宏
翻译：同文世纪 组译 张钊 译　　审定：李昭第　　丛书复审定：刘林海　　封面设计制作：张磊　　内文设计制作：张磊
印刷：鸿博昊天科技有限公司
版次：2024年9月第1版
印次：2024年9月北京第1次印刷
发行：新华书店北京发行所
开本：889mm×1194mm　1/16
印张：6
字数：200千字
定价：98.00元

图说人类文明史

安第斯和印加

目　录

前言：太阳帝国

　　原始的安第斯山区物产丰富，地势险峻，道路崎岖。前哥伦布时代的美洲原住民在这里创造了伟大而不朽的文明。通过天分和努力，这里的人们实现了与自然的和谐相处，用辛勤劳作生产出足够的资源，满足每个人的迫切所需。

　　安第斯文明是山谷、沙漠、山脉和海岸共同孕育的结晶。生活在这里的安第斯人发明了非凡的土地整治、播种、收割和灌溉技术。他们修建了水渠和水道，并在山坡上耕作梯田。即便在地球上最干旱的阿塔卡马沙漠，他们依然想方设法施肥耕种，这种行为成为不容置疑的文明实证，这一切都让如今的研究人员和专家们惊叹不已。靠海就以捕鱼为生，靠山就饲养美洲驼和羊驼。人们赋予了石头灵性，让蒂亚瓦纳科、马丘比丘、卡拉尔、瓦里和查文·德万塔尔等大型城市拔地而起。这些城市设计科学，建筑宏伟，彰显了本地文化的辉煌成就。

　　这里的人们秉持宇宙起源的神话观念，坚信宇宙与大自然的神秘力量。在这里，安第斯文化的庆典、节日、宗教仪式和虔诚信仰与人们的道德标准和行为规范交织在一起。

　　安第斯的艺术成就让我们得以审视他们的社会，其作品以艳丽的色彩、丰富的主题、多样的形式和独特的美感闻名

制陶是安第斯文明重要的标志之一。下图为莫奇卡陶器。

于世。借此，人们将虔诚的信仰与日常生活相结合。任凭光阴荏苒，各地区的文化持续顽强发展。这里的陶器、雕塑和纺织品以超凡的现实主义和象征性手法表现出对世界的独特理解。

　　随着有组织的团体、城邦，以及对地域和文化有着巨大影响的帝国的出现和崛起，社会等级也随之产生。最终，西班牙人征服了这片土地。安第斯和印加文明虽未能远播全球，但它的发展却是灿烂、繁荣和独一无二的。安第斯和印加文明是给整个人类文明最好的遗赠之一。

马丘比丘山顶上祭祀太阳神因蒂的圣石。

概述：山谷之间

安第斯文化是山地、山谷和海岸共同孕育的结晶，本质上是当地丰富自然资源的产物。在广袤而狭长的安第斯山脉地区，无数部落定居并发展起来。虽然部落之间吞并不断，但文明却代代相传。从最早的查文文明到后来的印加帝国，这里灿烂的文化经受住了时间和殖民的考验。◆

塔万廷苏尤（意为"四州的国家"，即印加帝国）

1200 年，印加人占据了库斯科地区。从此，印加人的疆域向北扩张到今天的厄瓜多尔和哥伦比亚，向南延伸到了今天的阿根廷和智利北部。

来生

安第斯社会中流传着一种包含来世的神秘宗教观念：人死后可以离开坟墓，进入"天国"。圣贤和贵族生前在人间享受种种殊荣，死后亦可以步入"天国"。有罪之人会被打入地狱，永世忍受饥饿与寒冷的折磨。尸体通常用布包裹，最珍贵的个人物品会作为陪葬品，供来世旅途所用。

昌昌　莫切　查文

马丘比丘

"胡安妮塔"
一具印加女孩木乃伊，发现于安帕托火山。

农业模式

在整个安第斯地区，尤其是印加帝国，文明的发展依赖于农业生产。人们熟练掌握了各种复杂的播种、灌溉、施肥和收割技术，就连在山坡上和沙漠里耕种也不在话下。他们善于进行余粮管理，储备的粮食始终能够满足需求。

印加人种植的玉米、豆类和土豆构成了其饮食的物种基础。上图是编年史学家瓜曼·波马·德·阿亚拉绘制的农民劳作场景图。

亚马孙河

奥扬泰坦博

库斯科

纳斯卡

蒂亚瓦纳科

的的喀喀湖

波波湖

帕拉卡斯

庞塞石像

位于蒂亚瓦纳科的卡拉萨萨亚考古区中央。

失落之城

建于 15 世纪中叶的马丘比丘隐没在印加帝国的群峰和骄傲之中，它的主要宗教建筑集中在神圣区或祭祀区。

太平洋

仪式文化

安第斯文化的宗教活动以仪式为中心。人们建造庙宇和宫殿，在那里为众神献上祭品。

历史和社会组织

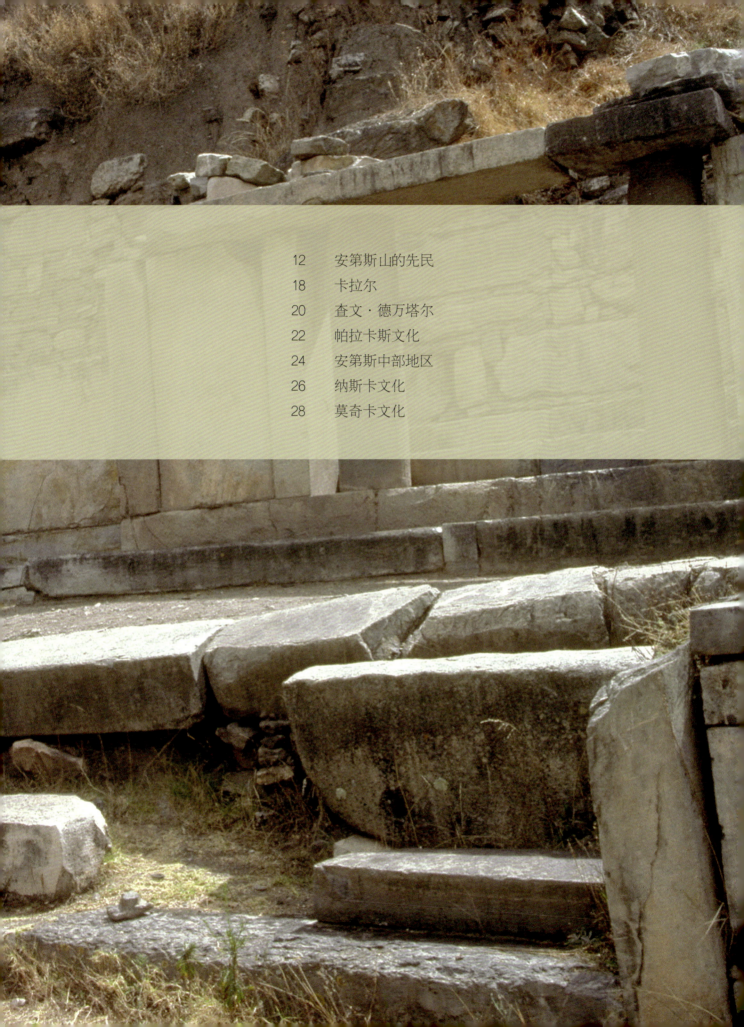

历史和社会组织

安第斯山的先民

人类在南美洲安第斯山区的群体性定居最早可以追溯到约公元前10000年，不过，也有研究人员认为，最早可以追溯到公元前14000年。公元前7000年左右，最初的狩猎采集活动逐渐过渡为更加复杂、更具组织性的原始农业活动。公元前4000年左右，美洲驼和羊驼的驯化标志着畜牧业的诞生。沿海地区的人们利用丰富的海洋资源在奇尔卡和拉帕洛玛建立村落，这些定居点在公元前5000—约前4000年繁荣发展。普遍观点认为，

❖ **纹饰** 在印加文化出现之前，神和祖先是人们艺术创作中永恒的主题。左图，奇穆花瓶。

农业和畜牧业的发展促使这里的人们对世界产生了思考，神话世界观浮出水面。自然主义和万物有灵论造就了最初的神祇，神灵通常以动物，特别是猫科动物的形象出现。人们在拉加尔加达和埃尔帕拉伊索等祭祀中心对神灵进行祭拜，并留下了最早的记录。伴随着祭祀活动高峰的到来，卡拉尔城出现了。研究表明，这是迄今所知最早的祭祀城市。城市复杂的结构和宏大的规模意味着当时的国家和宗教已取得了巨大的发展。卡拉尔或卡拉尔-苏佩文明在今天的秘鲁中北部地区蓬勃兴起，形成了大约30个人类定居点。属于前陶器文明的卡拉尔文明最突出的成果就是它的建筑。人们用大量的石头与泥块建造房屋。这些建筑的质量和建造方法充分说明，当时的人们已经掌握了修建技术，以及算术、几何方面的知识，人们还用铅锤测量墙壁是否倾斜。在建造建筑的同时，人们也没有忽略对美的追求。他们将岩石打磨得光彩照人，用石块、植物和花朵创作装饰画。

公元前1800年左右，具有里程碑意义的制陶技术开始发展起来。陶器的出现标志着手工业专业化和陶器使用达到了前所未有的高峰。陶器最初在哥伦比亚和厄瓜多尔出现，随后传到了秘鲁。

查文文化

公元前1500年，随着查文文化的出现，古代安第斯社会朝着类似国家的模式跨出了决定性的一步，这种新模式以高级祭司和精英组成的贵族领导集团为基础，他们对国家的行政、宗教信仰和农业生产进行管理。

存在于公元前1000—前300年的查文文化在早期阶段蓬勃发展，它的中枢位于秘鲁高原北部莫斯纳河岸的查文·德万塔尔，这里平均海拔约3 000米。查文社会由一个崇拜美洲豹神的神权政体管理，人们主要从事采集、狩猎、捕鱼和农耕活动，与此同时，在制陶、纺织、建筑、雕刻、金属加工等手工业制造方面也成就斐然，其中，金器加工水平尤为瞩目。人们种植玉米再将余粮与邻村交换。有考古迹象表明，该文化存在保护整个王国的军事组织。建筑是查文文化最大的成就之一，人们建造的大型神庙多数呈U型结构。这一切都突出了查文·德万塔尔作为宗教中心的地

❖ **遗迹**　查文文化是安第斯地区最灿烂的文明之一，查文·德万塔尔遗址建有大型石质建筑。

❖ **图案** 这种雕像是查文文化丰富的表现形式之一，常见于庙宇之中。

位。老庙是该城最古老的建筑，由石块砌成，庙宇下方有四通八达的通道，里面则出土了一件最能代表查文文化的雕像"兰松"。从历史角度来看，人们普遍认为，查文文化的消失源于生产活动的枯竭，与战争无关，这意味着它被新的文明所吸收。

帕拉卡斯文化与纳斯卡文化

公元前700年左右，帕拉卡斯文化开始在秘鲁的伊卡地区出现，其影响力向南扩展到了阿雷基帕，向北则延伸至钦查。

世人对该文化知之甚少，推测其在政治上可能由神权主导。在出土的纺织品中，有大量关于狩猎的场景，说明了尚武艺术或组织的存在。此外，农耕被认为是当时人们生存的基础。根据入葬方式的不同，考古人员将帕拉卡斯文明分为两个阶段，即帕拉卡斯洞葬时期和帕拉卡斯墓葬时期。公元前700—前200年为洞葬时期，人们生活在伊卡河畔的塔卡瓦纳。陶器是这一时期的重要特征，常以猫科动物的形象，尤其是美洲豹为

农 业

在印加帝国出现以前，安第斯文明以农业为基础。几百年前，人们对土壤、肥料、作物、生产工具，以及高效灌溉方式的理解与实践一直流传至今。

考古研究表明，早在公元前7000年左右，瓦伊拉斯谷（位于今秘鲁安卡什省）就已开始种植豆类和辣椒。随后，种植品种扩大到各种谷物与水果，种植范围遍及整个安第斯地区。如果缺乏持续灌溉的保障，农业就不能繁荣发展，特别在如此干旱少雨的地理环境中。安第斯人设计并修建了包括运河、引水渠和水坝在内的一系列杰出的水利工程，从而满足了灌溉需求，保障了农业的大规模生产。

纹饰。这时的陶器多为球形，带有双出水口和双柄。墓葬时期自公元前200年开始，一直延续到近代。该文化的中心位于皮斯科河、托帕拉峡谷和帕拉卡斯半岛之间。这一时期的陶器形制与洞葬时期相同，但更加精美，更具装饰性。墓葬时期的最大进步是人们学会了在织布机上纺织，利用棉花和羊毛制作具有特殊质量和技术要求的织物。

在较短的一段时期内，帕拉卡斯文化和纳斯卡文化共同发展。此时帕拉卡斯文化已走向衰落，而纳斯卡文化开始崛起。因此有学者认为，纳斯卡文化是帕拉卡斯文化的延续。

从公元前300年延续到公元800年的纳斯卡文化建立于秘鲁的伊卡地区。纳斯卡的首都卡瓦奇位于阿贾河畔，其影响北到皮斯科，南到阿雷基帕，东到阿亚库乔高原。农业是纳斯卡经济的基础，主要农作物包括玉米、豆类、南瓜、木薯、花生、辣椒、番石榴和棉花。纳斯卡人能够熟练对水资源，尤其是地下水加以利用，他们建造的用于灌溉的水利工程的设计十分巧妙。

❖ **莫奇卡陶器** 莫奇卡陶器记录了当时人们生活的场景。

雷奈伊文化和维库斯文化

这两种文化受时间和地理因素的影响较小，它们在今天的秘鲁境内，从公元前300年（中间期的早期）一直延续到公元600年。雷奈伊文化发源自安卡什山区，维库斯文化则诞生于北部沿海地区。它们的中心位于维库斯山，以冶炼金、银和铜等金属见长，并用金属打造农具。与其他区域文明一样，农业是社会发展的基础，因此，它们同样具备高效的灌溉网络。人们公认，维库斯是一个拥有强大军事实力的社会，有组织的武士团遍布各地，以保证王国的凝聚力，执行王国命令。研究人员指出，男性在维库斯社会中的地位非常高，只有男性才能穿戴珠宝和优雅的服装。女性只能穿着朴素的服装，即便是贵族妇女，也与平民女性没什么区别。

沿海地区

❖❖❖

得益于丰富的海洋资源，最早的居民在奇尔卡和拉帕洛玛等近海地区建立了村落。随着文明的发展，捕鱼业逐渐走向专业化并成为社会生存的基础。精干的渔民制造出名为"caballitos de totora"的芦苇船，此外还有战船和远征船。对莫奇卡人来说，他们面临着来自海洋的种种挑战。

❖ **木乃伊** 前印加时期，人们习惯于先用织物将逝者包裹起来，然后下葬。正如秘鲁帕拉卡斯国家博物馆展示的这具木乃伊一样。

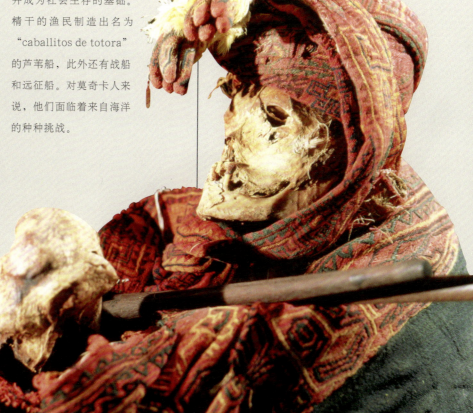

这两种文化时期制作的陶器往往体形硕大，器身雕刻着花纹。

莫奇卡文化

即原始奇穆文化，它是蒂亚瓦纳科文明出现以前整个北部海岸地区最具代表性的文明，建立在萨里纳文化、加伊纳索文化等短暂的区域文明之上，活动区域包括今天秘鲁拉利伯塔德省的奇卡马、莫切和维鲁山谷，其影响力北至达兰巴耶克，南达安卡什。

莫奇卡人注重农业生产，种植玉米、地瓜、木薯、土豆、南瓜、金武扇仙人掌，以及南美番荔枝和木瓜等水果。像所有安第斯文明一样，莫奇卡人生活的土地十分干旱，灌溉因此显得尤为重要。莫奇卡人利用水渠和水坝解决灌溉问题，如圣何塞水坝。这样，即使在干旱时节他们也可以灌溉农田。

莫奇卡社会等级森严，位于上层的是效忠国王的军事和祭司贵族。莫奇卡的军事武装用于发动战争和维护首领的裁决，这在莫奇卡人的绘画作品中可见一斑。例如，众所周知，石刑和截肢是常见的刑罚。为了供奉艾帕克神，宗教领袖居住在金字塔神庙之中。农民和渔民是社会结构的基础，他们提供了自身和统治阶级的物质所需。艺术创作体

现了莫奇卡的文化和宗教，这在写实化和象形化风格的陶器上表现得更为突出，人物、植物和动物组成了莫奇卡陶器的创作主题，偶尔也会出现超自然的人物形象。用写实的手法再现人物多样的心理变化是莫奇卡陶器表现风格的一大特色。此外，有的陶器还配有绘画和精美的装饰品。

莫奇卡陶器的颜色主要以红色、赭石色和白色为主，偶见灰色和黑色。陶器常为球形，有颈形手柄和一个出水口。他们的纺织技术也十分突出，人们建立了作坊，可供多人在平织机上操作。

莫奇卡的男女服饰有很大区别。女性只穿一件上衫，而男性的服饰则要复杂得多，由缠腰布、无袖衫和短袖衫组成。尽管男女一律赤足，但他们的饰物却十分奢华。女性戴耳环，男性佩戴鼻饰、耳罩和项链。

莫奇卡人建有大小不一的长方形房屋。房屋带有一个院子、露台和倾斜的双坡顶，以土坯和黏土为建材。与其他文化不同，莫奇卡人不愿意建设大型城市，他们的房屋也很少聚集在一起，即使是宫殿建筑也依然遵守这一原则。

❖ **陶器** 维库斯文明中反映自然题材的作品明显带有现实主义特色。

丧葬文化

前印加时期的考古研究揭示出许多文化信息，这对于还原历史至关重要。其中就包括印加人创立的丧葬传统，这可以在一定程度上反映出当时的社会形态和宗教面貌。帕拉卡斯文化中的丧葬习俗最为复杂，实际上，按入葬方式的不同可以将其分为两个阶段。

帕拉卡斯洞葬文化最为久远，起源于公元前700年左右。由于当时的人们习惯将死者安葬于洞穴之中，因而得名。在已知的一个墓穴中发现了多具尸体，由此可以推断这里属于集体墓葬，但不确定死者是否属于同一家族。

帕拉卡斯墓葬文化起源于公元前200年，成排的地下小室组成巨大的墓室。在一些墓穴内发现了裹尸袋和大量陪葬品，而另外一些墓穴中几乎空无一物，这反映了当时社会的两极分化。通常，在时间和安葬方式的双重作用下，尸体就变成了木乃伊，尸身覆盖着用羊毛和棉花纺织的织物。

从莫奇卡葬俗可得出一个结论：陪葬品的差异反映了社会的两极分化。有的墓中包含有战士形象的织物和绘画、权杖以及精美的衣物，这说明墓主人属于社会精英阶层；有的尸体用布包裹，置于芦苇棺椁中；有时还会用女性陪葬，比如，西潘王墓中就有七个人陪葬，除了他的妻子和两位妾室，还有一名将军、一名旗手、一名卫兵和一名儿童。此外还有一条狗和两头美洲驼。

❖ **下葬**　如上图，死者或卧或坐，身边陪葬品环绕。

卡拉尔

卡拉尔是美洲最古老的城市，建造年代可追溯到公元前2627—前2100年的晚古代期，陶器稀少是其一大特征。它位于秘鲁中北部，于1905年被发现。这座圣城位于利马的苏佩山谷，因此得名卡拉尔—苏佩。在它众多的建筑和广场中，大金字塔最为引人注目。◆

大金字塔一瞥，它是城市中最重要的建筑

大金字塔

大金字塔是行政和宗教中心，凭借其巨大的体量，引导着整座城市的生活。圆形下沉广场和金字塔是整个建筑群的主要组成部分。金字塔由阶梯式平台组成，石质外墙长150米，宽110米。外墙高度不一：南墙高19米，北墙高10余米。

平台
这些平台层层叠加。举行仪式时，人们立于平台之上，各司其职。

中央台阶　这是进入祭祀建筑的主要通道。

圆形广场　位于地面凹陷处，可通过两条台阶通道进出。人们在这里进行南瓜、豆类、辣椒等商品的交换。

主厅　空间巨大的祭祀场所，内设中央圣火坛和台阶式长凳。

西翼 由一系列大型平台构成，侧面配有楼梯可供出入。

内室 举行宗教仪式的场所，四壁建有壁龛。

祭坛 呈四边形，配有一条地下通风管道。

圣火坛 设有壁龛的内室中有一座圣火坛，通过在那里焚烧祭品与神沟通。

东翼 由6层平台叠加而成，平台之间由内室和楼梯相连。

卡拉尔—苏佩城

城市占地65公顷，由多栋建筑组成。其中最引人注目的是32座金字塔形建筑以及多个用于献祭的火坛（下图，主要的祭祀空间）。在火坛的灰烬中发现了骨头、木头、石块，以及原始狩猎工具"博拉"（流星锤）和笛子等物品。

1 大金字塔
2 小金字塔
3 坎特拉金字塔
4 居住区
5 环卡金字塔
6 长廊金字塔
7 圆形祭坛神庙
8 露天剧场金字塔

N

查文·德万塔尔

查文·德万塔尔是查文文化的中心。查文圣殿由老庙和新庙组成，新庙是在老庙的基础上建成的。庙宇外环绕着高 12 米的围墙，气势恢宏。墙上装饰着大量自然纹饰和拟人化的石雕。整座建筑群以圆形广场和兰松长廊最为突出，长廊不仅拥有建筑群中最著名的雕塑，还建有用于连通建筑以及将废水排放至河流的大型内部通道系统。◆

新庙 入口处有一座双柱门廊。人们可以通过楼梯从莫什纳河直达神庙。

复原图

这张平面图基于秘鲁考古学家路易斯·吉列尔莫·伦布雷拉斯的研究绘制而成。路易斯是研究查文文化的重要学者，他的田野调查使这座知名圣地再次出现在世人面前。

革命性的发现

查文·德万塔尔地处秘鲁高原的中心地带，位于科迪勒拉·布兰卡山麓（属于现在的瓦里区）。1919 年，秘鲁考古学之父朱利奥·C·泰洛发现了查文文化和帕拉卡斯文化。通过证据分类，朱利奥证明了它们属于前印加文明，这是考古学界革命性的发现。

装饰 墙壁上装饰有鸟、蛇和猫科动物的形象或头雕。

陶器 最具特色的查文陶器带有两个把手和一个出水口。右图是一件公元前 700 年至公元前 500 年间制作的陶器。

广场 下沉式圆形广场，直径 21 米，配有刻着美洲豹及拟人化图案的石雕装饰带。

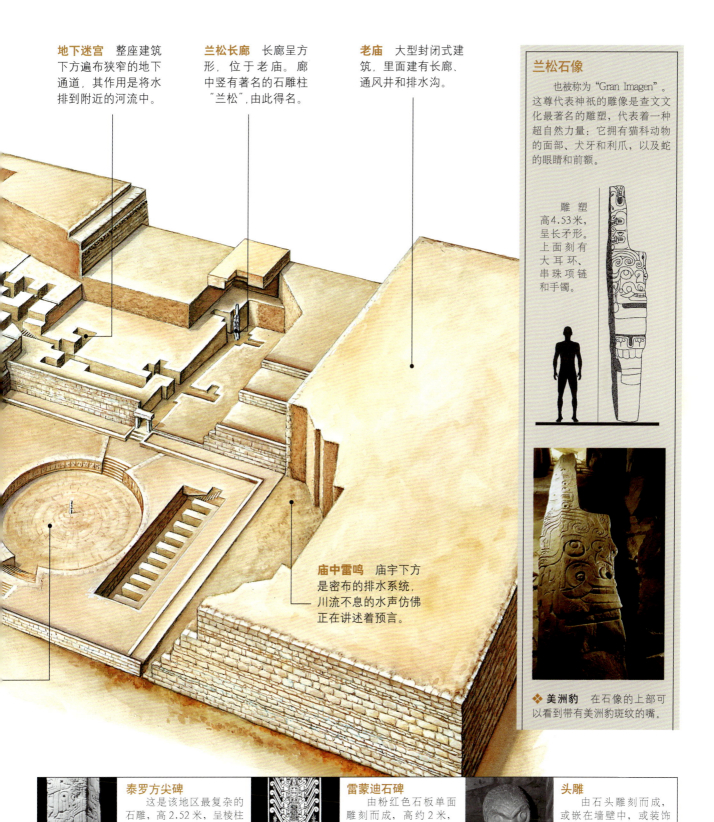

地下迷宫　整座建筑下方遍布狭窄的地下通道，其作用是将水排到附近的河流中。

兰松长廊　长廊呈方形，位于老庙。廊中竖有著名的石雕柱"兰松"，由此得名。

老庙　大型封闭式建筑，里面建有长廊、通风井和排水沟。

庙中雷鸣　庙宇下方是密布的排水系统，川流不息的水声仿佛正在讲述着预言。

兰松石像

　　也被称为"Gran Imagen"。这尊代表神祇的雕像是查文文化最著名的雕塑，代表着一种超自然力量；它拥有猫科动物的面部、犬牙和利爪，以及蛇的眼睛和前额。

　　雕塑高4.53米，呈长矛形。上面刻有大耳环、串珠项链和手镯。

❖ **美洲豹**　在石像的上部可以看到带有美洲豹斑纹的嘴。

泰罗方尖碑　这是该地区最复杂的石雕，高2.52米，呈棱柱形。人们借助40厘米长的构件将它垂直固定在广场中央的地面上方。

雷蒙迪石碑　由粉红色石板单面雕刻而成，高约2米，宽73厘米，厚17厘米。石碑上的图案表现的是一种拟人化的权杖。

头雕　由石头雕刻而成，或嵌在墙壁中，或装饰于庙宇上部。这也许是为了纪念圣殿祭司或暗指敌人的头颅。

帕拉卡斯文化

诞帕拉卡斯文化生于秘鲁南部海岸的帕拉卡斯半岛沙漠，是南美洲最古老的文明之一。有考古记录表明，帕拉卡斯人懂得如何将农业生产与战争活动相结合，并通过艺术形式表现出来。他们是娴熟的纺织匠人，其作品质量非凡，颜色丰富多样，这在前印加文化中非常少见。全副武装的战士和神话人物也是帕拉卡斯人常用的创作题材。◆

从墓中出土的兽形丧葬面具。

帕拉卡斯头骨

葬礼

对帕拉卡斯人来说，葬礼仪式具有特殊的意义，尤其是在尸体处理方面。尸体连同重要财产一起被包裹在成堆的衣服和斗篷中。考古调查表明，变形的颅骨是出于宗教或医学目的人为造成的，在这些头骨上还发现了开颅的痕迹，开口处填有黄金。

帕拉卡斯斗篷

斗篷

帕拉卡斯斗篷是前哥伦布时期最美丽的纺织品。人们先用棉布打底，然后用经过植物、矿物染料上色的羊毛绣出装饰图案，最后再对留白的地方进行描绘和上色。

纹饰 以人物形象居多，其——中最常见的是猎头武士像。

原材料与技术

作为农业社会，棉花（右图）是最重要的作物之一。人们可以从棉花中提取用来制作衣服、斗篷和挂毯的纤维。帕拉卡斯人也会使用到美洲驼毛。早在帕拉卡斯洞葬时期，人们就已经熟练掌握了编网、针织、加捻、编织、织锦、刺绣、简单的织物上色，以及编织双层织物等手工技术。在帕拉卡斯墓葬时期更是发展出了花边编织和立体编织技术。

装饰花纹 用于装饰织物的图案多种多样，与几乎所有前哥伦布时期的文化一样，猫科动物的形象最为常见。

尺寸 斗篷的平均长度为 2.5 米，宽约 1 米，用简单的纺锤织成。

怪兽 在纺织品上神话动物的形象比比皆是。例如在空中飞舞、四处抛掷毒蛇的怪物。

色泽 帕拉卡斯织物最突出的特点是颜色丰富而和谐，在一张织物上竟然发现了 190 种颜色的渐变和 22 种不同的颜色。

安第斯中部地区

雷奈伊文明和维库斯文明是该地区早中期的两种文明，前者的经济基础是美洲驼养殖，后者则依靠农业生产。而艺术创作是二者的共同特征，维库斯人懂得如何用金属制造耳饰、面具、鼻环、项链、头饰等饰品，他们的陶器制作同样出色，陶器上的绘画反映了当时的生活场景和当地的动物。雷奈伊人是出色的石匠，他们可以用石料雕出形态各异的人物和动物形象。◆

美洲驼的地位在安第斯社会举足轻重，它不仅是人们的食物来源和运输工具，也为制造斗篷等纺织品提供了原料。

瓦伊拉斯谷

雷奈伊文明的蒂亚瓦纳科文化发源自秘鲁安卡什地区，更为准确地说，即两条安第斯山脉（布兰卡山脉和内格拉山脉）相夹的山谷上部：瓦伊拉斯谷。

雷奈伊雕像，疑似为战士像

雷奈伊雕像

雷奈伊人制作的大多数石像是人形全身像，这些石像通常高约为1米，呈不规则的棱柱形。雕像头部较大，约占整座雕像的一半大小。头饰由猫科动物和鸟类形象组成。

石料 石头是雷奈伊人进行艺术创作的完美材料，他们用石头制作了很多大型浮雕和雕刻作品。

维库斯陶器

维库斯陶器具备两个突出的特征：外观质朴坚固，造型逼真。维库斯社会是典型的以男性为主导的社会，因此鲜见女性题材。为了更有效地进行研究，人们将维库斯陶器分为三种类型：

1 Vicús negativo 这一类型的陶器造型简单，多呈圆形、螺旋形和三角形，容器常被塑造成动物的形象。

2 Vicús blanco sobre rojo 与前一类型相似，容器多为人形和植物形，装饰有实用装置、切口和线条。

3 Vicús englobados monocromos 外观粗糙，带有黑点，这是烧制技术欠佳的结果，此类器物的底部多呈喇叭形或三脚形。

石像 雷奈伊人擅长雕刻石碑、男性雕像尤其是战士像。他们也会雕刻出复杂的装饰性建筑图案、浮雕装饰和建筑模型。

形象 在造型各异的石像中，猫科动物和蛇等神话般的动物形象最为突出。

纳斯卡文化

与其他前印加文化相同，纳斯卡陶器也经常出现张开嘴巴的人物形象，舌头时有时无。

从公元前 300 年到公元 800 年，纳斯卡文明在阿贾河畔繁荣发展并建立了都城卡瓦奇。作为帕拉卡斯文明的继承者，纳斯卡人的绘画、制陶和纺织能力十分突出。不过，举世闻名的纳斯卡线条才是其最重要的文化遗产。纳斯卡线条由 30 余幅巨型图像组成，忠实地再现了动物、植物和几何图形，其中蜂鸟、蜘蛛和猴子的形象更是深入人心。即使是最权威的专家也难以解释古人是如何在崎岖的丘陵和沟壑上准确无误地画出这些巨大线条的。◆

织物

纳斯卡织物上的图案表现力强，尤以色彩运用见长，织物质量高。在一块织物上曾使用了多达 8 种色调的组合。织物上的图案中，几何图形最为常见。制作织物所用原材料主要为棉花和羊毛。

◆ 图案对称的纳斯卡斗篷

朝奇拉墓地中的露天木乃伊

丧葬文化

纳斯卡人将逝者摆成蹲坐状，用衣服和斗篷进行包裹，周边陪葬着容器和逝者的个人物品。墓穴呈圆柱形，深度为 1~4 米，底部整齐地衬有石头和原木。

形状　纳斯卡线条画出了各种动物的形状，蜂鸟的图形最为出名。

线条　在帕尔帕和纳斯卡之间的索科斯平原上，纳斯卡线条覆盖了超过 520 平方千米的地区。线条宽度为 40~140 厘米，深度不到 30 厘米。

世界遗产

只有从高空俯瞰才能完整欣赏纳斯卡线条的宏大规模与奇形怪状，巨大而无瑕的线条与圆形深井相连。纳斯卡人事先制作小比例模型，再在地面上用绳子固定木桩，画出线条。1994 年，联合国教科文组织正式宣布将纳斯卡和朱马纳草原线条图列入《世界遗产名录》，正式肯定了其文化的重要性。

土壤　当地土壤的地质特征显示：深红色的卵石被浅黄色的卵石所覆盖。

一个乐人造型的纳斯卡陶罐

陶器

纳斯卡陶器的创作题材丰富多样，不仅真实地反映了动植物形象，也再现了人们日常生活和艺术活动的场景。人们将矿物细细研磨，再与本地植物的汁液或水混合制成颜料，为陶器上色。陶器上有被肢解的人物形象，专家由此推断，纳斯卡人有用活人祭祀的习俗。

玛利亚·雷奇·纽曼

德国人玛利亚·雷奇·纽曼（1903—1998）是研究纳斯卡线条最权威的专家。经过 40 年的研究，她认为这些线条是用于农业生产的天文观测点。

莫奇卡文化

莫奇卡文化源自秘鲁北部海岸，被认为是该地区最具代表性的文化。莫奇卡是一个农耕、渔业和军事社会，它的中心处于奇卡马、莫切和维鲁山谷。有研究人员认为，莫奇卡文化的影响力扩展到了周围超过 6 600 平方千米的地区。在村落附近的西潘王陵墓中发现了大量保存完好的随葬品，这成了研究莫奇卡文化的里程碑。◆

对神的供奉

各种考古证据显示，莫奇卡是一个重视军事的社会。他们组建了巡逻疆土的战士部队，装备棍棒和飞镖以及护身的小型方盾。借助于海上远征和探险，莫奇卡人到达了更遥远的海岸和岛屿。

❖ 表现莫奇卡战士形象的饰品

西潘王陵墓

随葬品

1987 年发现的西潘王皇家陵墓是美洲考古学的里程碑，此前从未出土过内容如此丰富的棺木、服饰和标志物。该陵墓不仅保存完好，而且没有任何遭遇劫掠的痕迹。这次发现不仅揭示了这位公元 3 世纪秘鲁的战士和统治者的辉煌一生，还展现了当时的丧葬习俗。

用芦苇编成的
莫奇卡独木舟。

莫奇卡人与海

捕鱼是莫奇卡人重要的食物获取方式，人们将芦苇捆扎在一起建造渔船，根据船只的形状将其称为"小海马"。人们还会制作木筏，当重要人物出行时，由多人一边游泳、一边拖曳木筏前进。

棺材 呈长方形，用芦苇制造。国王的棺材是普通人的三倍大，从而突显王权的特殊性。

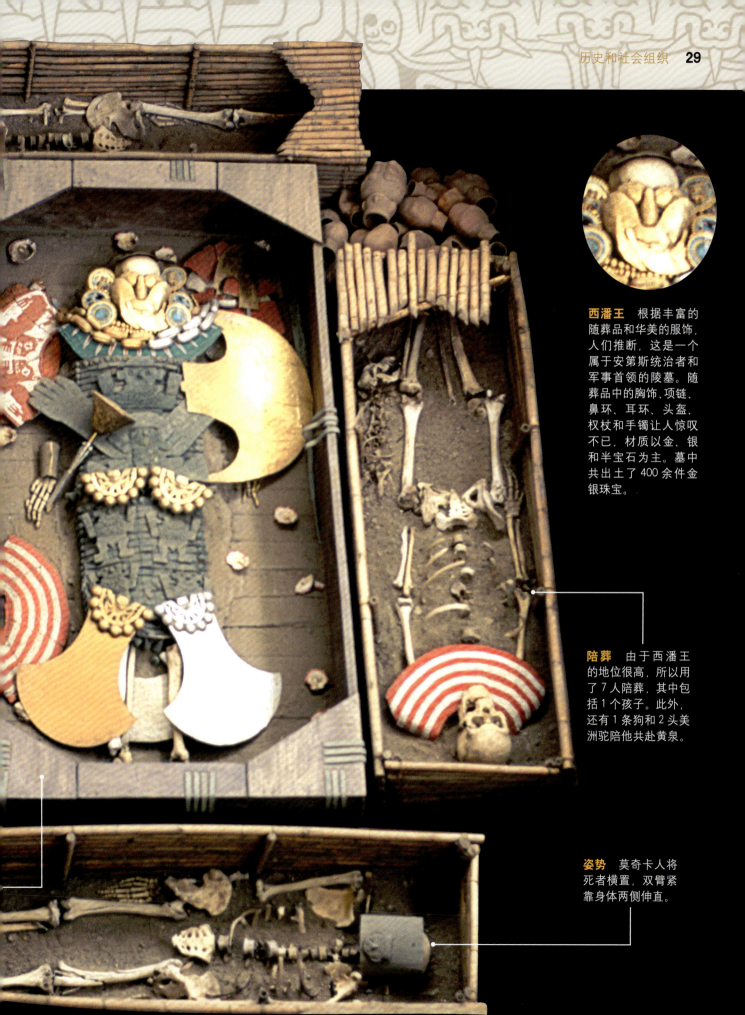

西潘王　根据丰富的随葬品和华美的服饰，人们推断，这是一个属于安第斯统治者和军事首领的陵墓。随葬品中的胸饰、项链、鼻环、耳环、头盔、权杖和手镯让人惊叹不已，材质以金、银和半宝石为主。墓中共出土了400余件金银珠宝。

陪葬　由于西潘王的地位很高，所以用了7人陪葬，其中包括1个孩子。此外，还有1条狗和2头美洲驼陪他共赴黄泉。

姿势　莫奇卡人将死者横置，双臂紧靠身体两侧伸直。

国家的巩固

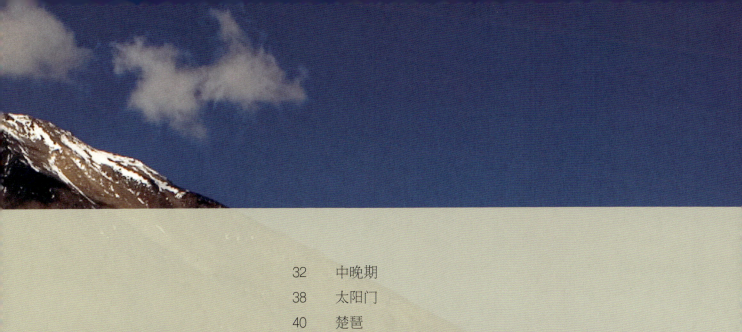

国家的巩固

中晚期

最早的安第斯文明的萌芽诞生于"早期"阶段，经过"中期"和"晚期"两个阶段的发展，印加帝国出现了。"中期"阶段的蒂亚瓦纳科文化、阿塔卡马文化和瓦里文化逐渐明确了国家机构的部分核心要素。"中晚期"阶段的奇穆文明进一步巩固了区域内的政治和社会等级结构。最后，这些文化由印加人全盘接收。

蒂亚瓦纳科人与阿塔卡马人

位于的的喀喀湖以南的蒂亚瓦纳科文化将影响力扩展到了从阿根廷西北部、智利北部直至秘鲁北部广阔的安第斯山脉。把持宗教仪式的贵族阶级是这个神权社会的领导者。这是一个等级森严的社会，统治阶级居住在首都和一些主要城市（如帕契里和卢库玛塔）的中心，而构成社会基础的农民阶层则散落在简陋的农村地区。

在蒂亚瓦纳科的文化遗存中，陶器生产甚为瞩目，蒂亚瓦纳科陶罐的特征是底座窄而罐口宽。此外，他们还擅长制作一种叫做"瓦科"的冥器，即在陶器、纺织品和建筑上刻画人像。其中许多作品的内容都以天文为导向。

出土的陶器上带有象征王权和萨满人牲的图案。可以看出，蒂亚瓦纳科文化不仅受到了源自公元前500年左右的普卡拉文化影响，与查文文化也有历史渊源。蒂亚瓦纳科文化在公元9世纪至12世纪达到顶峰，随后由盛转衰，直至一个世纪后消亡。长期的干旱破坏了农业生产活动，因而动摇了整个社会的生存基础。

阿塔卡马人在蒂亚瓦纳科的南面建立了自己的文明，洛阿河和科皮亚波河流经他们的领地。他们的势力范围还包括阿塔卡马高原在内的安第斯山脉的溪流、山谷及坡地。阿塔卡马人从事农耕和美洲驼放牧，他们知道如何利用该地区稀缺的水源和梯田种植系统换取丰收。他们种植的农作物包括南瓜、辣椒、豆类、烟草、仙人掌类多浆植物、玉米、土豆和藜麦等。

他们精通建筑工艺，建造了名为"普卡拉"的石墙。阿塔卡马人还擅长加工陶器、铜器和金器，并开发了丘基卡马塔和印加胡埃西等矿场。

500—900年，阿塔卡马文化以抛光红色陶器、带有拟人化图案的大罐、金制饰品和器皿为特征。900—1200年，他们学会了制造抛光黑陶器皿，器皿上雕刻有男人、秃鹰、猫科动物的形象，用于存放宗教仪式使用的迷幻

❖ **奇穆罐** 开口宽大，具有独特的亮黑色光泽，罐的一边带有人形雕刻图案。

❖ **利坎卡武尔火山**　海拔5960米，位于绿湖附近，它见证了阿塔卡马文化的兴衰荣辱。

❖ **美洲驼** 美洲驼是安第斯文明发展的基础，它们不仅充当了人类的运输工具，也是重要的衣食来源。

剂。1200—1500年，他们建造出城墙环绕、气势恢宏的石头堡垒。

瓦里文化

瓦里帝国的首都建立在秘鲁南部山脉，全盛时期的势力范围从北部的卡哈马卡延伸到南部的阿雷基帕，席卷山川大海。瓦里拥有森严的社会等级制度，祭司和战士是国家的统治阶级，农民和牧人则是社会金字塔的基础。瓦里人将自己的宗教、政治和经济结构以军事手段强加给被征服的人民。瓦里信仰的神祇与蒂亚瓦纳科文化相似。

像大多数前印加时期的安第斯文化一样，瓦里陶器生产的地位举足轻重，并受到多种风格的影响。实际上，瓦里陶器上的人物形象与蒂亚瓦纳科和普卡拉陶器有着异曲同工之妙。此外，瓦里陶器（尤其是双颈瓶）的风格中还带有纳斯卡文化的影子，彩陶表面经过了仔细抛光。瓦里人还精通制造色彩鲜艳的织物和羽毛加工。

瓦里人是建造大型建筑群的先锋，他们建造巨大的城墙环绕房屋、仓库、街道和广场，为行政管理和军事机构建造房屋。他们还将城市中心

农 业

由于地处的的喀喀盆地战略要冲以及便利的交通，蒂亚瓦纳科文明飞速发展。得天独厚的优势帮助人们让在低地地区生产的古柯叶、玉米和辣椒等过剩的农产品物尽其用。但蒂亚瓦纳科的农业生产并非顺风顺水——在海拔3500米的高地上，他们还要面对恶劣的天气和频繁暴发的山洪。为此，人们建造了名为"Camellones"的高地农田用于抵御泛滥的洪水。此外，本地的高湿度也为农作物生长提供了有利条件。瓦里文明同样是一个农业文明，人们在种植玉米、土豆和藜麦等农作物的同时还饲养羊驼。首都是这个中央集权社会的"发动机"。得益于高效的计划性，瓦里人用大量的剩余产品与蒂亚瓦纳科人进行交易。

按工种（制陶、纺织等）划分为多个街区。瓦里建筑的特点之一是矩形房屋且内部十分宽敞。

瓦里借军事征服完成扩张。650年左右，当它的领土面积达到最大时，纳斯卡峡谷和莫克瓜峡谷尽归其所有。但是水满则溢，瓦里的衰落与扩张一样迅速。在如今的利马市独立发展出了帕查卡马克文化，其独一无二的影响力可与瓦里文化相提并论。800年左右，帕查卡马克文化几乎完全取代了瓦里文化。

奇穆文化

奇穆文化起源于秘鲁北部海岸，在其鼎盛时期，领土面积达到了近1300平方千米。从莫切山谷出发，北到通贝斯山谷，南至奇利翁山谷，奇穆人逐渐兼并了附近的土地和人口。这些土地虽然都是干旱的沿海沙漠，但同时又被发源自安第斯山脉的河网体系所覆盖。这些河流造就了肥沃的山谷，为奇穆人提供了丰富的粮食资源，丝毫不逊于大海的馈赠。不仅如此，奇穆人还将大量淡水资源运进沙漠地区，开始高效种植玉米、南瓜、辣椒、豆类、棉花、木

昌昌城

作为奇穆文明的首都，昌昌城可谓宏伟壮观。城中供统治者居住的11座宫殿巍峨耸立，据说，每座宫殿由历任统治者建造。城市核心区由一系列长廊、广场和祭祀区组成，四周被长约600米、高约11米的高墙环绕。官员和工匠居住在宫殿四周的土坯房内，农民和渔夫则住在市郊简陋的住所中。

薯等农作物。为了获取冰激凌豆、木瓜、南美番荔枝和蛋黄果，他们也会种植果树。通过修建大型的、先进的灌溉水渠，奇穆人把干旱的土地改造为适宜耕种的良田。与此同时，沿海地区出产的各类软体动物、甲壳类动物、海藻等成为丰富的食物来源。训练有素的渔民垂钓时会驾驶芦苇独木舟，用渔网捕捞时则会驾驶大型木筏。

商品资源如此丰富，以至于王国的梦幻之都昌昌城逐渐发展为商队的贸易中心。据专家考证，城中有600多人依靠美洲驼从事货物贸易，货物种类从奢侈品到食品无所不包。

奇穆工匠擅长羽毛、木器、毛毯、贝壳和半宝石加工。此外，奇穆陶器的亮黑色特征使其更加与众不同。

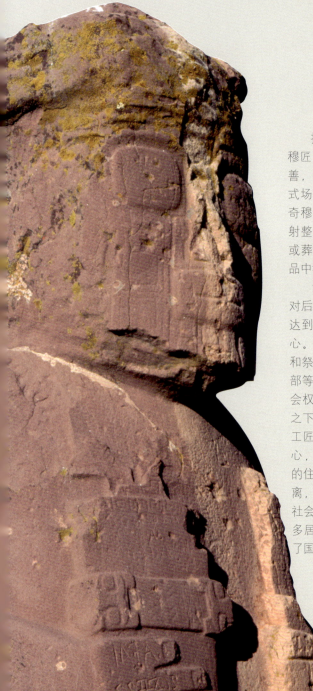

❖ **独立巨像** 卡拉萨萨亚祭祀中心竖立着多座石像。

接触并吞并兰巴耶克文明以后，奇穆匠人加工金、银、铜的技术日趋完善，特别是制造统治阶级用于宗教仪式场所的礼器、耳饰和面具等物品。奇穆文化中的纺织技艺影响深远，辐射整个北部和中部海岸。此外，祭神或葬礼中所穿的礼服在众多奇穆纺织品中独放异彩。

源自兰巴耶克山谷的兰巴耶克文化对后世影响深远。公元900—1100年，达到鼎盛的巴坦格兰德是该文化的核心。考古出土了许多葬礼面具、器皿和祭祀用刀等金属制品。奇穆社会内部等级森严，国家的政治、经济和社会权力集中于世袭贵族手中，在贵族之下是下级官员、商人和大量的专业工匠。两大阶级虽然都居住在城市中心，但彼此间"泾渭分明"。贵族的住所高墙环绕，与其他区域完全隔离，只有通过严格的审查才能进入。社会的最底层是农民和渔夫，他们大多居住在城郊或境内的小村庄，构成了国家的基础。

奇穆文化的祭祀活动大多是为了祈求农业丰收，这对一个地处干旱地区的农业社会来说并不奇怪。在这些仪式中，大型仪式通常在首都大广场举行，而统治者或贵族死后被制作成木乃伊的私人仪式一般在墓室或小型空间内进行。奇穆人相信，通过这些仪式可获得祖先的庇佑，从而保证土地肥沃，收获足够的粮食。人们认为，这些关于土地的庆典还衍生出了其他仪式活动。

奇穆文明是前西班牙时期秘鲁安第斯山脉北部和中部海岸发展程度最高的文明之一。在巩固了在莫切山谷的统治地位以后，他们又征服了北到赫克特佩克河，南到桑特河的大片领土。15世纪时，他们又将从通贝斯河到奇利翁河谷的大片土地收入囊中。鼎盛时期，奇穆人占据了三分之二的秘鲁海岸可耕种土地。15世纪的最后几十年，奇穆文明迎来了印加帝国扩张的挑战。印加人前进的步伐势不可挡。1470年左右，奇穆国王敏查卡曼被击败并被挟持到了库斯科。

卡拉萨萨亚

蒂亚瓦纳科文化建造了多座大型祭神建筑，卡拉萨萨亚祭祀中心是其中的佼佼者。该中心占地近两公顷，包括一座半地下庙宇。庙宇的墙壁以石刻头像作为装饰，美轮美奂。两座阶梯式金字塔更是点睛之作。蒂亚瓦纳科石匠特别擅于石材加工，他们将一种独特的嵌入技术运用到建筑营造方面，即使是巨型石块也不在话下。同样，他们制作大型雕像的技术也十分高超，雕像通常为全身像。例如，"权杖之王"是一尊正面像，它手持王权的象征——权杖，立于高台之上。有的雕像融合了多种形象要素：长着翅膀的猫科动物、蛇身猫首的怪物，以及半人半兽的神。

❖ **卡拉萨萨亚**　作为重要祭祀中心的卡拉萨萨亚是蒂亚瓦纳科文化和宗教的杰出代表。

太阳门

　　太阳门是最具蒂亚瓦纳科风格的代表性建筑，位于安第斯文化最重要的礼仪和宗教中心，与卡拉萨萨亚神庙毗邻。主神维拉科查的形象立于门顶浮雕的中心位置，十分突出。石像的头部发射出多道光芒，光芒的末端雕刻成猫科动物的头和蛇头。石像双手持权杖，周围刻有四排神话人物的浮雕。◆

蒂亚瓦纳科祭祀中心

　　由 8 座建筑物组成，这里是蒂亚瓦纳科文明最重要的宗教和祭祀中心。

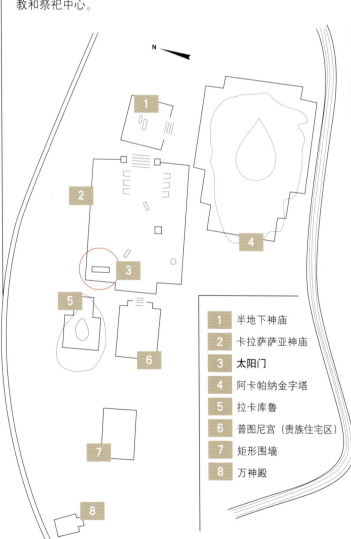

1 半地下神庙
2 卡拉萨萨亚神庙
3 **太阳门**
4 阿卡帕纳金字塔
5 拉卡库鲁
6 普图尼宫（贵族住宅区）
7 矩形围墙
8 万神殿

太阳门正面

太阳门的起源

　　人们推测，太阳门在建造之初并不是独立存在的，它应属于阿卡帕纳金字塔顶部或卡拉萨萨亚神庙中一座巨大建筑的一部分。通过研究，专家认为，太阳门上的浮雕象征着某种天文现象，也有人猜想这是一种日历，因为天文历法对于前西班牙时期的安第斯文明而言不可或缺。

太阳　浮雕的下方，太阳图案出现了 11 次。

浅浮雕　太阳门上有 3 处浮雕，上面刻有 8 位名为"天使"的人物形象。

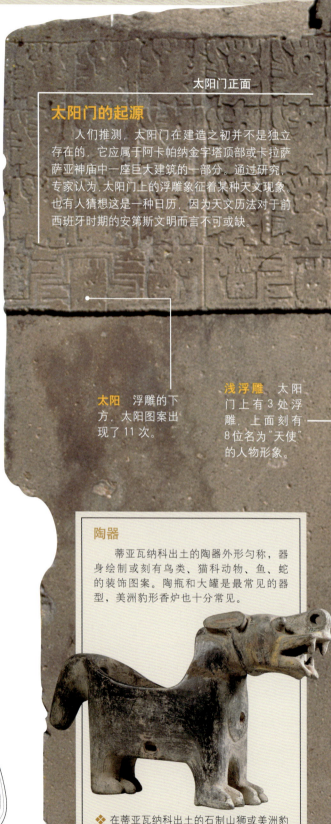

陶器

　　蒂亚瓦纳科出土的陶器外形匀称，器身绘制或刻有鸟类、猫科动物、鱼、蛇的装饰图案。陶瓶和大罐是最常见的器型，美洲豹形香炉也十分常见。

❖ 在蒂亚瓦纳科出土的石制山狮或美洲豹形香炉

石料　这块安山岩高3米,宽3.75米,20世纪初曾倒塌破损,1910年得到修复。

建筑群　蒂亚瓦纳科祭祀中心位于拉巴斯市附近,海拔约4 000米。据估计,该建筑群曾占地420公顷,如今却仅剩38公顷遗存,废墟周边设有围栏保护。

王权之神

　　太阳门上的主要图案是"王权之神"维拉科查,他是安第斯文明世界观的来源。印加人将其视为伟大的创世神。古代蒂亚瓦纳科人将其视为主神,并将这种思想传播到整个安第斯地区。根据传说,维拉科查诞生于的的喀喀湖,创造了天空和大地。最初,对他的崇拜是贵族们的特权。

楚琶

　　楚琶是一种方形或圆形墓塔，只有家族中地位高的人才能安葬于此。楚琶建于印加文化晚期，常用土坯制成，石制楚琶最引人注目。这些墓塔是集体祭拜的场所，死者的亲属和部落成员会在此追思逝者。目前保存最完整、最独特的楚琶陵墓群位于秘鲁普诺附近的西路斯坦尼。◆

印加楚琶的外形和剖面图

单体建筑

　　每座墓塔通常只容纳一个人，但人们先后发现了几座群葬性质的墓塔，最多的一座竟然安放了 16 个裹尸袋。这些墓塔高约 12 米，直径约 5 米。印加人用长 1.5 米，高 0.8 米且略带弧度的矩形石块建造墓塔。整座建筑自行承重，不需要任何其他材料进行固定。

尺寸　墓塔虽样式繁多，但直径通常在 2 米以上。

墓穴　拱顶下方安放着木乃伊。墓穴由小石子、泥土和稻草的混合物砌成，内壁通常不会精细打磨。

随葬品　日常用品，无论盘子、杯子还是器皿，甚至食物都可以随木乃伊一同下葬。这反映了人们视死如来生的观念。

入口　方位朝东并且很小，它象征死者的灵魂与太阳神的直接交流。

外墙　外层由大型石块砌成，石块间紧密贴合，无需灰浆灌缝。

裹尸袋　逝者呈下蹲状态，**身穿最好的服装，佩戴着生前的饰品**。此外，尸体还裹有斗篷和皮毛。

多种多样

　　楚琶墓塔并非千篇一律，不同地区的样式也不尽相同，有的墓塔内部和外部一样粗糙。但西路斯坦尼墓塔的表面则明显经过精心打磨。

第一个帝国

经过一系列的征战，瓦里人终于在现今的阿亚库乔市郊定居下来，此后又将自己的势力范围扩大到普纳地区和秘鲁海岸。首都瓦里是建筑设计的典范，拥有高大的房屋和石制祭祀中心。瓦里人是道路网络规划的先行者。此后，印加人将这一切全盘继承，征服利马文明后，他们将利马人信奉的神——帕查卡马克设立为自己的主神。他们用新的金字塔和围墙扩建了旧的神庙。在繁荣了5个世纪以后，瓦里帝国于1100年前后开始衰落。◆

羽毛的艺术 瓦里人擅长使用羽毛制作几何图案和神话动物造型，然后将其应用到服装和帽子上。

帕查卡马克神庙 神庙原为土制建筑，随着先后多个文明在这里登场，神庙的结构也几经变化。瓦里人建造了一座名为"彩绘神庙"的金字塔，该金字塔的一面有彩色阶梯，上面有人物、植物和鱼类的形象。

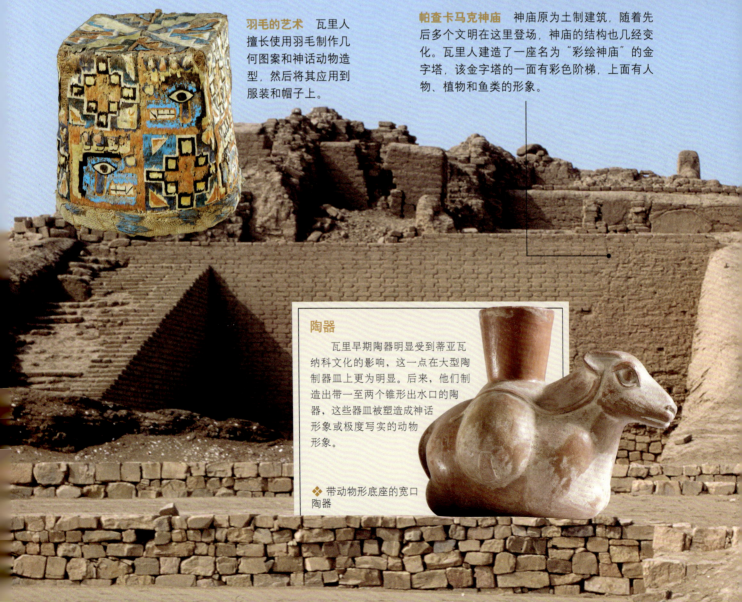

陶器

瓦里早期陶器明显受到蒂亚瓦纳科文化的影响，这一点在大型陶制器皿上更为明显。后来，他们制造出带一至两个锥形出水口的陶器，这些器皿被塑造成神话形象或极度写实的动物形象。

❖ 带动物形底座的宽口陶器

刺绣　瓦里文化的纺织品以颜色丰富著称，多以红色为底色，图案丰富。最常见的是双手持权杖的人物形象和鸟、蛇或猫科动物的图案。

瓦里项链上的男性形象

贵金属加工

瓦里文化的遗存中有很多供祭司和战士等个人使用的饰品。他们擅长用铜制做项链和耳坠，上面有丰富的几何图形和人物图案。

帕查卡马克神庙遗址景观

帕查卡马克

对帕查卡马克神的信仰最早可以追溯到公元前200年的利马文化时期。公元600年左右，瓦里不仅将利马的疆土纳入自己的版图，还将利马信奉的神变为自己的主神。只有瓦里统治阶级才能葬入神庙，人们对帕查卡马克神的重视可见一斑。到了公元7世纪，这一信仰传遍整个国家。帕查卡马克作为创世神在安第斯各文化中得到了独立发展，历经一系列的变化和征服得以幸存下来。实际上，印加人同样把他迎入了自己的万神殿，与太阳神因蒂一起供奉。

军事化

瓦里文明的扩张是不断进行军事征服的结果，这让许多历史学家都认为，它是安第斯地区最早的帝国。

奇穆文化

公元 10 世纪至 15 世纪，奇穆文化发展于莫切山谷和奇卡马山谷，后扩张到整个秘鲁北部海岸。奇穆社会等级森严，由贵族领导，农民和渔夫需要服徭役并进贡香料。都城昌昌由夯土建成，城内有 5 万多居民，是当时美洲最大的城市。城内的匠人擅长金属加工，掌握高超的贵金属加工技术。后来，印加人对该技术推崇备至，命令工匠以此为贵族们打造奢侈品，其中的传世佳作有发箍、项链、花瓶和图米刀（祭祀用刀）等。◆

作为贵金属加工专家，奇穆人创造出了丰富的艺术品。其中最为出众的当属双耳金瓶，上面装饰着精美的兽形图案。

面具 葬礼仪式也离不开贵金属加工术，尤其是死者戴着的嵌宝石黄金面具。

圣城昌昌的城墙

昌昌城

该城面朝大海，占地 20 多平方千米。城市中心有 10 座宫殿，每座宫殿都是独立的，内部建有多座小型建筑。这些宫殿均匀排列，占地约 6 平方千米。其中一座宫殿的规模格外庞大，与众不同。通常情况下，它们仅供富人居住，宫殿的进出有严格的限制。城中有配长椅的广场、贵族墓地、食物仓库和一口水井。宫殿四周是手工业者和工匠居住的次级社区。此外，城市中还有仓库、墓地、水渠、堤坝等一系列基础设施。与印加帝国的对抗导致了昌昌城的衰落，公元 1470 年左右，该城惨遭劫掠，就此消失。

奇穆文化中黄金嵌宝石的图米刀

实用艺术

　　在奇穆文化的遗存中，无论是贵族的日常生活用品还是宗教祭祀用品都十分丰富，图米刀就是一个很好的例证。据信，奇穆人会用它给病人或伤者做手术，后施行颅骨钻孔术，并按某种仪式为逝者举办葬礼。后来，印加人继承了这一传统，用它割断战俘的喉咙。

再现　图米刀的刀柄为精心设计的人物形象，巨大的头冠和大量的装饰物生动地反映出具有重要社会或宗教意义的神祇或当地人物特征。

金属　金匠加工金、银、铜的技艺十分高超。这些金属有的取自本地矿藏，有的则是从相邻地区交换而来。以雕刻和錾刻为主的加工手法多种多样。

装饰　奇穆人将绿松石和其他宝石镶入金质小孔，以此装饰图米刀。

浮雕　奇穆人青睐以浮雕作为装饰，他们会用模具在一个平面上创造出数十个相同的图案。同样的技术也被用于民用和御用陶器的制作。浮雕中出现的图案源于大自然，尤其是常见的动物、各种水果和蔬菜。

刀刃　图米刀的末端是半月形的刀刃，其用法与解剖刀相同。针对刀刃形状的解释颇有一丝奇幻色彩，那就是，与崇拜太阳的其他安第斯文化不同，奇穆人更加崇拜月亮。

安第斯东部地区

在如今的哥伦比亚和厄瓜多尔境内诞生过很多前哥伦布时期的文化，其艺术造诣不容小觑。奇布查、圣奥古斯丁、提拉阿登特罗、考卡、托利马和瓦尔迪维亚等文化的金器、陶器和石刻制造工艺与设计能力至今依然令人惊叹。◆

与其他古代哥伦比亚文化一样，考卡文化在金器加工方面技艺精湛。非凡的黄金饰品上常见人物和动物形象，项链、耳环和手镯常带有装饰性元素。

瓦尔迪维亚文化

公元前4000年左右，在现今厄瓜多尔西南海岸诞生了瓦尔迪维亚文化，它是美洲首个制作陶器的文明。陶器上的创作题材主要是经手工倒模制成的神像。

装饰品 托利马金匠用黄金制造带有人物和动物图案的项链和耳环。

提拉阿登特罗地下墓穴

墓穴

该墓穴建于公元前100年左右的哥伦比亚山区，营造复杂的地下墓穴是提拉阿登特罗文化（阿比拉玛文化）的特色。沿着螺旋阶梯逐级而下，可以看到带有几何装饰条纹的天花板和墙壁。每座坟墓都安放着多具遗体，因萨、埃尔罗德奥和埃尔阿托是重要的墓穴聚集区。

公元前6世纪，圣奥古斯丁遗址文化制作的人头石像

圣奥古斯丁遗址文化

公元前 600 年至公元 700 年，圣奥古斯丁遗址文化活跃在哥伦比亚西南山区。该文明以高大巍峨的石像著称，有的高度甚至超过了 4 米。这些石像一般都是带有猫科动物特征的人头像或是猫科动物攻击人类的形象。另外，圣奥古斯丁遗址的墓穴也值得一提，其中随处可见大量的陶器和金器随葬品。

奇布查陶器

奇布查文化发源自盐矿附近。起初，奇布查陶器是用于制作咸面包的实用器具，后来发展出了带有设计感和艺术感的陶器。

印加帝国

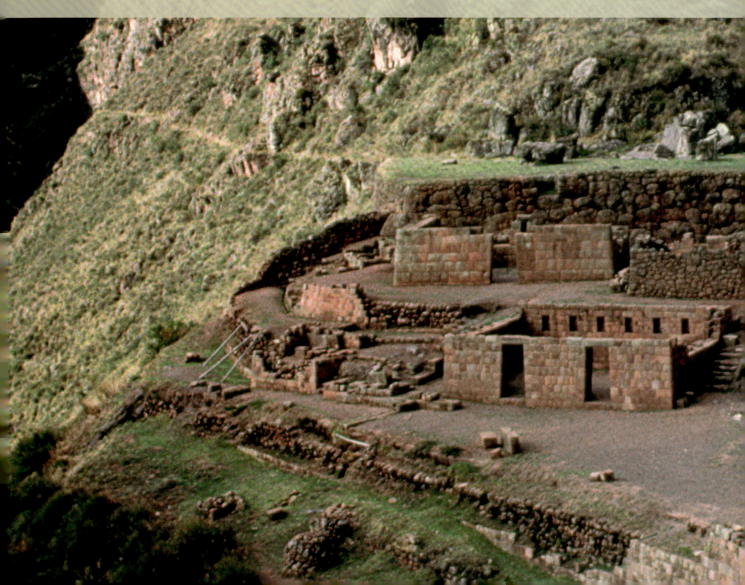

印加帝国

太阳之子

与所有伟大文明一样，印加人同样声称自己有一个神话般的起源，并以神话传说和口头传唱为证，而这一切被后世的史学家印卡·加西拉索·德拉维加和胡安·德·贝坦索斯收录在册。

流传最广的版本是太阳之子阿亚尔四兄弟、四姊妹的故事。据说，在维拉科查创造世界后，八兄妹居住在库斯科以南的一个洞穴里。后来，他们衣着精美地从那里出发，带领其他定居者向大河谷进发。这段旅程漫长而艰辛，四兄弟中，只有阿亚尔·曼科得以幸存。后来，他更名为曼科·卡帕克，成为移民者的最高领袖。

在他的领导下，部族吞并了瓦拉、波科、拉雷斯等各部落，并建立起新秩序。此后，库斯科王朝诞生。

除了神话，故事还记录了阿亚尔兄弟从南部到库斯科河谷的重要迁徙。早在12世纪，就有一支亚马孙部落的后裔生活在那里。

帝国发展阶段

印加帝国的历史分为建立、扩张和衰落三个阶段。第一阶段对应的是神话时期或前国家时期，此时的印加人定居在肥沃的库斯科山谷，采取征服或结盟的方法与原住民生活在一起。这些先民不以采集和狩猎为生，相反，他们是以种植土豆和玉米为生活基础的农民，而这一生产方式大大推进了移民的发展。

人们对早期印加统治者知之甚少，只知道印加帝国的缔造者名为曼科·卡帕克，他于1200年左右即位。在征服当地部落后，他在下城区开始了自己的统治。随后，曼科·卡帕克与玛玛·奥克略之子辛奇·罗卡于1230—1260年执政。接下来的30年里，印加首领略克·尤潘基与邻近部落结盟。1320年左右，迈塔·卡帕克征服了阿克雅辉萨。卡帕克·尤潘基是首位坚决执行征服政策的君王。1350年，印加先后征服了孔蒂苏

尤、库亚马卡和安达马卡，权力逐渐向库斯科集中。

开疆拓土虽然给政治和社会带来了新面貌，但这期间的印加社会仍属缺乏统一国家结构的多民族集团。这段时期的末期恰逢乌林库斯科王朝的终结，该地区早期部落首领并不使用"印加"作为头衔，而是自称"辛奇"或"曼科"。

14世纪中叶，印加人巩固了在已有土地上的统治，随后开始了以领土扩张为特征的第二个发展期。印卡·罗卡征服了库斯科附近的玛伊纳、皮纳瓦和凯托马卡，疆域向东抵达保卡坦博。通过与华雅坎部落玛玛·米凯的联合增强了地区实力。印卡·罗卡组织修建了学校和印加官邸。到1380年，新君亚瓦尔·瓦卡克不得不面对接二连三的内部叛乱。维拉科查对周边城镇的征战收效甚微，还激起了库斯科北部好战的昌卡人的强烈反应。结果，许多克丘亚城镇遭到袭击，甚至库斯科也难逃厄运。数年间，印加人的精英统治得到了加强。他们很早就懂得城市职能划分的重要性。

在帕查库特克统治时期，印加人逐渐巩固了扩张成果和影响力。他们先是征服了昌卡，随后是北部的环卡和塔尔马，以及南部的科拉和卢帕卡。

❖ **女性** 印加统治者实行一夫多妻制。左图，银制妇女像。

❖ **皮萨克遗址** 位于距离库斯科 33 千米的一座山顶，它是圣谷重要的考古遗迹之一。

库拉卡

◆ ◆ ◆

地区权力原本归属于"库拉卡"（意为酋长）。在库斯科统治集团建立以前，这一制度就已存在。得益于其杰出的领导力，库拉卡在印加帝国的地位被制度化地确定了下来，即使在帝国扩张时期也不曾改变。担任库拉卡的人选由各"阿伊鲁"（宗族）选举产生。

此外，在高速扩张的过程中，印加帝国迫切需要合格的领导人才。因此，在这些地方，首长就显得弥足珍贵。他们的加入为印加精英领导阶层注入了新鲜血液。其实，印加人在统治初期就知道与各库拉卡的女儿或姐妹通婚。这种增进感情的手段客观上确保了中央与地方的协调与沟通。

库拉卡在阿伊鲁中具有神圣的地位，享有印加统治者的一些特权。例如，外出由仆人抬行、与贵族阶级一样享有免税的权利。

强制纳贡的制度。为了更好地管理与统治而将领土进行了划分，这是印加人的一贯做法。实际上，早在帝国成形之前，库斯科及其周边地区就被划分为四个部分。后来，帕查库特克将这种方法推行到整个帝国。

通过大规模战争与结盟，印加帝国的版图不断扩大：首先抵达南部高原，在中部地区控制了通往亚马孙的门户曼塔罗山谷，北部沿海地区到达了基多和 Nudo de los Pastos 地区（位于今哥伦比亚境内），最终抵达阿根廷北部和智利中部的马乌莱河沿岸。

伴随着扩张的脚步，印加人深谙战争与外交相结合的重要性。他们以农产品、纺织品甚至妇女为外交砝码。许多部落因为忌惮对抗的恶果而往往选择屈从。

经过阿南库斯科王朝图帕克·尤潘基（1471—1493）和瓦伊纳·卡帕克（1493—1525）的精心治理，印加帝国的版图南部抵达智利的比奥比奥河；击败查查波亚斯人后，印加向北又推进到了瓜亚基尔海湾地区和哥伦比亚的安卡斯马约河。但是，被征服的人们反抗印加帝国的战斗从未停息。后来，瓦伊纳·卡帕克在基多病

"塔万廷苏尤"的建立不仅打造了高效的政治组织，也成就了印加帝国的领土扩张。"塔万廷苏尤"源于克丘亚语 "Tawantin Suyu"（意为：四方之地），指帝国的四个部分：北方的钦察苏尤、南方的科利亚苏尤、东北方的安蒂苏尤、西方的孔蒂苏尤。帝国首都在库斯科。此外，印加人还建立了信使和

◇ **仪式文化**　印加人格外重视为神灵举行的仪式和献祭，在仪式过程中他们经常使用刻有维拉科查形象的黄金祭祀刀具。

❖ **雕像** 印加人将前人的艺术表现形式全盘尽收，化为己用。左图，前印加时期的面部雕刻。

阿伊鲁

❖❖❖

克丘亚语，意指宗族和亲属。它是由拥有相同的血缘和神话祖先而凝结在一起的农村宗族，这些祖先可以是人类、动物或自然物体，被当作神物供奉。每个阿伊鲁都拥有广阔的土地并划分给已婚男性耕种。分发土地的面积与家庭人口数量成正比：人口越多，得到的土地也就越多。土地每年重新分配。如此一来，族长和族人在土地分配方面享有相同的权利。

重，于1525年去世。他的离世标志着帝国衰落的开始。

15世纪末，瓦伊纳·卡帕克的登基让帝国陷入了严重危机，最终导致国家覆灭。由于王储尼南·库尤奇突然离世，他的兄弟瓦斯卡尔和另一个同父异母的兄弟阿塔瓦尔帕开始争权。阿塔瓦尔帕宣称，自己同样拥有王位继承权。后来，瓦斯卡尔被俘并被阿塔瓦尔帕处决，纷争达到了顶峰。尽管阿塔瓦尔帕击败了竞争对手，却无法实行长期统治。他试图在卡哈马卡加冕，结果于1532年被西班牙征服者弗朗西斯科·皮萨罗俘获。西班牙开始了对印加帝国有计划的征服。1572年，秘鲁总督弗朗西斯科·德·托莱多处决了末代印加国王图帕克·阿马鲁一世，印加帝国灭亡。

政治和社会组织

印加帝国奉行神权君主制，君王拥有至高无上的权力，登基之后被称为"阿普印加"（意为神圣的王）或"萨帕印加"（意为唯一的王）。印加君王因其"太阳之子"的身份而具有神圣性，他是管理整个帝国的精英阶层的领袖，掌控帝国事务。在众口相传中，君王是

国家和社会无可争议的组织者，他可以将荒山变成良田，也可以为人们提供生活必需品。人们对国王的敬重表现在方方面面，大到美德典范，小到为其轿辇清扫路面。印加王不可单身，他的配偶也是神圣的存在，被尊为"日月之女"。

印加人不奉行长子继承制，任何具备领导和组织才能的王子都可以继位，这是印加文化中政治高

❖ **自然主义** 无论画作、陶器或是雕像创作，印加人喜欢使用人类和动植物的形象。左图是制作于15世纪的美洲豹头木雕。

❖ **石墙** 印加人习惯用巨石作为建筑材料。下图是奥扬泰坦博的围墙遗址。

种植玉米、苍白茎藜、尾穗苋、藜麦、豆类、花生、南瓜和西红柿。在安第斯山脉高海拔地区种植着200多种颜色和大小各异的土豆。为了便于储存和充当庞大军队的军粮，印加人会将土豆切片脱水保存，烹饪前只需加水处理即可。在高原林地，他们会种植古柯。

印加农业的发展离不开巧妙利用耕地和兴修功能卓越的灌溉系统，这些措施不仅满足了国内粮食需求，富余的粮食还可与邻近城邦进行贸易。

农耕将一年分为两季：每年的10月到次年5月为雨季；6月到9月为旱季。在此基础上，印加人对播种、耕作、收获都有一系列严格的规定。例如，8月是耕种的月份，也是贵族和农民节日的开始。

人们修建围栏饲养鸡鸭等家禽。在海拔高的地区，人们驯养美洲驼和羊驼，这些动物为人们提供了食用肉和纺织用毛。在靠近河流的地方，人们常会使用芦苇独木舟和渔网打鱼，捕捉野鸟。

印加的物产极为丰富。历史学家一致认为，这是一个不存在饥荒的国度。

度理性的又一例证。在印加，国王由库斯科精英阶层组成的智囊团辅佐。总的来说，该智囊团包括：帕纳卡，即国王的直系亲属，他们是"四个苏尤"的拥有者；奥基，即王储；维拉格·乌玛，即大祭司；阿毛塔，即高级顾问；还有帝国军队的将军。若国王缺席，则由大祭司暂行其职，处理国事。除了有血缘关系的贵族，还存在着另一种特权贵族集团，他们由印加国王提名，不过，这群人的级别和影响力相比于前者要略逊一筹。在库斯科众多的组织成员中，卡玛尤克甚为突出，构成了庞大的国家官僚集团。他们控制着人口信息、税收，以及国有仓库盈余粮食的管理。

早在殖民时期，库斯科的精英元老们因佩戴夸张的耳饰而被称为"欧雷洪人"（大耳朵）。

百姓是印加社会的基础。其中包括：哈顿鲁纳，即平民；米蒂马，指被派往帝国新领土上的殖民者；工匠；雅纳科纳，即印加王的奴仆，鉴于他们从事的职业和报酬，与其说是奴仆，不如说是奴隶更为合适。

经济活动

农业是印加经济的基础。印加人

选　秀

印加女子会在名为"阿伊鲁"的宗族度过一生。她们中，只有才能或容貌出众的女子会被带入都城，成为官员的妻子或印加王的妃嫔。这些女子被称为"阿可雅"（太阳贞女），她们会在8~12岁被选中，并得到悉心培养。通常，她们会被当作宝物馈赠给酋长、武士或贵族。有时，她们还要陪王伴驾，为印加王疏解巡视帝国时的苦闷。根据职能的不同，"阿可雅"也分成不同的等级。例如，塔基·阿可雅是歌者；雅娜·阿可雅是侍者；尤拉克·阿可雅则是极少数被选出来侍奉太阳神的贞女。她们不仅要保持处女之身，还肩负着指导未来女祭司的使命。

阿可雅的服饰大体上与其他人没什么两样，但也有不同：先剃发，再留长，最后用头巾装饰。纯洁对阿可雅来说非常重要，如果她们犯下通奸罪，就会遭受酷刑：先是与情人倒吊在一起，随后在仪式上被公开处死。有时，她们的头发也会被挂起来示众。甚至，如果有人与她们交谈或出言挑逗，阿可雅也会受到刑罚。有时，守卫和监护人也会因疏忽之责受到处罚。

❖ **女性的身影**　库斯科太阳节上身着传统服装的女性。

绝对的权力

根据曼科·卡帕克创立的传统，印加国王（或称"萨帕印加"）是太阳之子，是神与人的中间人，还是帝国最高权威的体现。他由皇族顾问和精英智囊团辅佐，其意志就是最高法律。尽管印加王身边环绕着无数的仆人和皇家顾问，但妻妾和姐妹才是唯一具备服侍资格的人。印加人采取一夫多妻制。印加王的第一位妻子受人尊敬，其余的配偶则只能充当侍妾。此外，按照习俗，为了保持"神圣血统"的纯正，印加王还会迎娶自己的姐妹为妻。◆

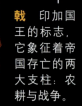

戟 印加国王的标志，它象征着帝国存亡的两大支柱：农耕与战争。

用金银打造的日月形象

神的代表

印加宗教包含对各路天神的崇拜，就像太阳神因蒂和月神基利亚一样。这些天神既互补又对立，只有印加国王才有资格与神交流。为国家祈福和参与神职活动是国王的应尽之责。

印加朝廷

在这个中央集权和等级森严的社会中，作为领袖的印加国王得到了皇家贵族的支持。国王的直系亲属（即"贵族血统"）连同国王亲选的无血缘关系的"特权贵族"一起，负责国内的统治和管理工作。组织进行战争、祭祀、农业和手工业生产是他们的主要职责。

❖ **致敬** 在核心顾问团的簇拥下，印加国王接受国人的敬意。

穷奢极欲

与百姓相比，作为统治精英的印加国王的生活可谓极尽奢华。国王使用的物品都是精心雕琢而成，由金属和木材雕刻专家以及手工匠人打造的杯体上刻有国王的形象，这些器皿往往在宗教仪式或日常生活中供国王本人使用。

头饰 等级制度的象征，彩色编织的发带上装饰着绒球，上面插有三根艳丽的羽毛。

徽章 黄金制成的大徽章上常刻有太阳神因蒂的肖像，印加国王自称是太阳神的后裔。

重现印加国王庆典

仪式

拥有特权的印加国王被大群仆人簇拥着：有的为其撑起披风；有的手持皇家器物；有的负责清扫路面；有的抬着王座前行。在国人心目中，印加王是神圣的人物，所以，对待君主必须绝对虔诚和服从。

披风 库斯科统治精英的典型服装，也是区分社会等级的标志。印加国王的披风由上等面料制成。

开山鼻祖 传说，曼科·卡帕克在1200—1230年间开创了印加王朝。他迎娶自己的妹妹玛玛·奥克略为妻，然后让儿子辛奇·罗卡继承王位。

印加军队

为了帝国的扩张，残酷的征服者印加王下令打造一支训练有素的军队。军人分为职业军人和临时招募的士兵。战斗力的维持依靠的是庞大的人员数量、高效的后勤保障、严格的军纪、高昂的士气，以及军事要塞的营建。军事行动既是"奉王命"，也是"遵神意"，因此，总是会带有一定的宗教特征。此外，祭司也会用"神谕"和"魔法"为胜利祈福。◆

军事活动 被匠人绘制在花瓶或水罐等器皿上，这成为记录印加战争的主要文献资料。

士兵

大部分士兵由农民组成，只有印加王的卫兵是职业军人，而且大多数拥有贵族血统。每个省必须根据人口比例招募一定数量的士兵。左图为战士和羊驼俑。

士兵作战图

胜负双方

印加人在战时是无情的，在战后是残酷的。通常，被征服民族将被登记入册，他们的习惯和信仰会得到尊重，但他们必须完全服从太阳神及其在人间的代言人印加王的旨意。囚犯常被判处死刑或充当牺牲品，或承担艰苦的劳作。战败者不仅失去了胜利的喜悦，印加王还会在公开仪式上脚踩战败酋长的头。另外，战争胜利后将敌人头颅当作战利品的做法很常见。

战术　印加军队用人海战术压制对手。他们擅长贴身肉搏，装备的攻防兼备的武器他们使势不可挡。

武器　将石块嵌入木棒制成的钉头锤最为常用，此外士兵还会使用由桃榈制成双刃剑和长矛。

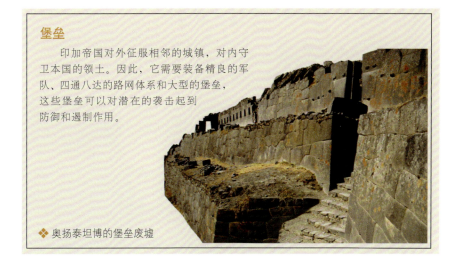

堡垒

　　印加帝国对外征服相邻的城镇，对内守卫本国的领土。因此，它需要装备精良的军队、四通八达的路网体系和大型的堡垒，这些堡垒可以对潜在的袭击起到防御和遏制作用。

❖ 奥扬泰坦博的堡垒废墟

军事训练　军事训练是印加男子传统教育的一部分。战争期间，军训会在军事要塞中进行。

护具　印加人用加固的棉制外衣和外裹毛线的木制或芦苇头盔作为护具，他们还会用木板护住后背并使用盾牌。

成效　印加军使用的武器可以给对手造成重创。援引编年史学家佩德罗·桑乔的说法：在与西班牙人的对抗中，他们的斧头和棍棒让敌人"脑袋开花"。

道路和哨所

　　印加帝国的一个主要特征是国家与库斯科精英统治阶层的高度统一，这归功于高效的路网、哨所和信使系统。这种对全境的控制和集中化的行政管理让如今的专家都赞叹不已。信使可以日行百余千米，长达 2 400 千米的皇家大道世人皆知。◆

哨所　邮路的中间站点被称为"坦波"（意为"客栈"），那是信使的小型休憩场所。一些大型哨所还配有供官员及其家属使用的房间。

哨兵　立于高处，与佩戴白色羽毛头饰的信使有所区别。

交接　这位信使正在等候另一位信使的到来。通过这种方式，信息每天以240多千米的速度传递。

速度　速度最为重要，所以帝国只会招募年轻信使。

自给自足　为了供应信使的日常用度，一些哨所还饲养美洲驼、配建菜园。

道路

印加人的道路系统穿越丛林、溪流和山脉。道路通常用石块沿直线铺设，遇到山坡时还会修建石阶。"皇家大道"是一条主路，它连接起库斯科和基多这两大城市。

奇普（印加人结绳记事的方式）　印加人根据信息的复杂性和长度，用"奇普"进行记录。

宗教信仰

　　与其他安第斯文明一样，宗教仪式是印加信仰的核心。神圣的万神殿中，主神是"原始之光"和"世界之主"——维拉科查，在他的下面是太阳神因蒂等众多神灵。此外还存在互补的神灵，比如月神、地神、海神等。为了拜神，印加人建造了许多神庙，举行牲祭和人祭在内的祭祀仪式。印加人还将某些地点或物体神化并加以崇拜。山、树、兽、石都可以当作神物受到供奉。◆

左图是祭祀仪式上使用的图米刀，其手柄呈美洲驼形

人牲

　　除了动物，印加人还会用人牲（通常是战俘）完成祭拜仪式。执行仪式的祭司会用图米仪式刀杀死人牲。

印加人献祭太阳神，1723年左右由伯纳德·皮卡特创作

庙宇

　　最著名的神庙莫过于库斯科的"科里坎查"（专门供奉因蒂的太阳神庙）。神庙拥有6个宣讲室，四壁饰有金片。庙宇的尽头有一块带有太阳图案的金板，金板下方是印加历代先王的遗体，尸身经过防腐处理，身着华服坐在王座之上。

神祇

　　虽然维拉科查是主神，但印加人也会将星体和星座视为神圣的对象进行祭拜。上图是雕刻于公元600—1200年的维拉科查石像。

仪式上使用的奇恰酒罐

圣酒

　　奇恰酒是典礼仪式上的唯一用酒，人们把淡黄的酒色与太阳联系在一起。奇恰酒被盛在装饰精美的罐子或器皿中，由印加王赐予祭司和皇室成员。

印加王　国王身着华服主持重要的仪式，巴拿迦（王储以外的亲属）、祭司、智者经常陪伴其左右。

贡品　贵族阶级积极参与庙宇组织的官方仪式，并向太阳神献上贡品。农民祭祀活动在田间举行，通常在开耕前进行。

神话传说

关于印加帝国起源的传说，有"阿亚尔兄弟"和"曼科·卡帕克与玛玛·奥克略"两个版本。尽管口口相传的方式并不稳定，以及受到了残酷的殖民统治和文化歪曲的影响，但这两种神话传说不仅真实反映了印加人的世界观，而且始终活跃在当地土著，尤其是"山民"们的心中。众多传说中的人物会让人由衷赞叹安第斯文明的力量，更会让人懂得建于安第斯山顶的都城——有着"世界肚脐"之称的库斯科有多么伟大。◆

制作于 15 世纪的美洲豹形水罐。传说一只美洲豹因猎杀牲口而受到了印加年轻人基利亚的反击，正当美洲豹发出致命一击时，少女升上天空变成了月亮。

印加祭祖

起源

传说，太阳神在三个洞穴里创造了人类，从前两个洞穴走出了马拉族人和坦波族人，但没有留下后代。从最后一个洞穴走出了阿亚尔兄弟。太阳神相信，他们的后人将生生不息，于是为他们各许配了一位妻子。玛玛·奥克略既是曼科·卡帕克的妻子也是他的妹妹，太阳神命他们结为夫妻，然后向南迁徙。但旅途却非一帆风顺。阿亚尔·卡奇被兄弟们骗进坦普托科洞穴再也没出来；阿亚尔·乌丘变成了一座山峰；阿亚尔·奥卡淹死在河里；只有阿亚尔·曼科和其他守寡的姐妹抵达了库斯科，建立了新的文明。

不祥之兆

加尔西拉索·德拉维加认为，征服者的到来是有征兆的。他写道："发生了大地震。"虽然地震在秘鲁很常见，但印加人发现，此次地震非同寻常，许多高山随之倒塌。印加人坚信，他们的救世主维拉科查会前来解救他们，可惜等来的只是一场空。

玻利维亚

的的喀喀湖

秘鲁

历史遗存 蒂亚瓦纳科出土的这顶帽子保留了古代印加服装多彩的风格。据航拍照片显示，鼎盛时期的蒂亚瓦纳科城长2.8千米，宽1.6千米。

的的喀喀湖 的的喀喀湖是世界上最大的湖泊之一。它位于秘鲁和玻利维亚之间，海拔3 914米，面积达到了8 288平方千米。如此辽阔的水域也未能阻止印加人将领土扩张到阿根廷北部地区。

带有美洲豹形象船头的芦苇舟

芦苇舟

这是一种用芦苇的茎和叶建造的船，长约4.5米。香蒲是一种生长在的的喀喀湖畔的芦苇。建造这种独木舟是为了在捕鱼作业过程中运送水手和装备。据估计，的的喀喀湖的先民早在3 000年前就开始使用这种船了。除了建造船只，芦苇叶的用途十分广泛。

◆ 左图演示了如何制造芦苇舟

阿塔瓦尔帕

印加国王瓦伊纳·卡帕克死后，王位传给了儿子尼南·库尤奇。不久，新国王死于一场离奇的高烧。从此，他的两兄弟瓦斯卡尔和阿塔瓦尔帕展开夺宫之战。不过，此时显然不是内战的好时机，因为西班牙殖民者已经游荡在南美海岸。后来，血腥的内战以瓦斯卡尔的战败宣告结束。阿塔瓦尔帕的将军们占领了库斯科，为胜利者登基做准备。此时的阿塔瓦尔帕留守基多，关注着战争的走势。然而，他的胜利却是徒劳的。1532 年 11 月 16 日，西班牙殖民者弗朗西斯科·皮萨罗通过欺骗手段在卡哈马卡俘获了阿塔瓦尔帕。印加帝国往日的荣光一去不返。◆

用于宗教仪式的印加陶罐，上面绘有农业生产的场面。

经书范本

以信仰为武器

西班牙殖民者将传播《圣经》视为一种精神进步。于是，他们对新世界所谓的"野蛮人"和"异端"进行了肆无忌惮的大规模屠杀和可耻至极的财富掠夺。1534 年 3 月 23 日，为了控制土地和原住民，皮萨罗在库斯科建立了西班牙定居点。就这样，在宗教外衣的掩护下，美洲规模最大的掠夺和屠杀开始了。

入侵秘鲁的西班牙殖民者的铠甲

神父的背叛

当阿塔瓦尔帕在卡哈马卡的广场召见西班牙人时，传教士文森特·德·巴尔韦德捧上《圣经》，责令他改信基督教并接受西班牙国王卡洛斯一世的统治。阿塔瓦尔帕又惊又怒，不仅拒绝了要求，还将《圣经》扔在地上。传教士向皮萨罗报告，皮萨罗下令攻击，西班牙士兵枪炮齐鸣，半小时就让数百印加人横尸广场。

来自上帝的背叛

尽管交付了赎金，可皮萨罗并未释放阿塔瓦尔帕，他一心想要更多的黄金白银。他借口印加国王是崇拜圣像、一夫多妻的异教徒，矢口否认收到赎金。此时的阿塔瓦尔帕已一贫如洗，虽然他皈依基督教以求保命，但还是在 1533 年 7 月 26 日被处决，他的死讯让围困卡哈马卡的印加军队各自退去。同年 11 月，西班牙人进驻库斯科。

◆ 印加与西班牙的后裔瓜曼·波马创作了一部翔实的编年史，从书中的插画可以看到阿塔瓦尔帕悲惨的结局。

十字架 基督教的象征，西班牙借宗教之名对美洲原住民进行种族灭绝。手持十字架的印加国王阿塔瓦尔帕明显带有苦涩的讽刺意味。

印加王冠 阿塔瓦尔帕被捕后，其嵌满黄金和宝石的王冠被带到秘鲁，最终落入了西班牙国王卡洛斯一世手中。

众神的黄金

皮萨罗和他的士兵只对财富感兴趣，印加的宗教用品在他们眼中一文不值。他们只在乎金银带来的财富、权力和名望，而对印加人来说，金银仅具有精神上的价值。

纯金面具代表了印加人对太阳的崇拜。

太阳 印加人崇拜的对象，因此，美洲各爱国运动也经常以太阳为标志。时至今日，它还是美洲文化中常见的形象。

盾牌 印加国王权力的象征，画中的盾牌显示，国王无力保护百姓免受殖民战火。

弗朗西斯科·皮萨罗

征服秘鲁的皮萨罗于 1471 或 1476 年生于（西班牙）特鲁希略。他借助基督教的名义，出于贪婪的本性征服了印加帝国。但对财富的贪婪最终将他吞噬，1541 年，皮萨罗在利马死于同伙的打劫。

带有月亮图案的莫奇卡胸饰

月亮崇拜

早在印加帝国诞生之前，莫切文化就已出现在秘鲁北部海岸。相比于太阳，莫切人更加崇拜月亮。与欧洲殖民者不同，印加人在征服莫切文明后十分尊重当地人的信仰，他们并未拆毁巨大的月亮神庙和太阳神庙。神庙的毁坏不是因为时间的流逝，而是要归罪于西班牙殖民者，他们在神庙的原址上建立了秘鲁特鲁希略城。

❖ 西班牙特鲁希略市，纪念征服者弗朗西斯科·皮萨罗的骑马像。

信仰与日常生活

信仰与日常生活

神话与现实之间

印加人的神并不是抽象的概念，每位神灵都有自己的名字和化身，他们构成了带有仪式感和组织性的精神生活。印加的宗教信仰具有对立性和互补性，神灵是对应的，例如，太阳神与月亮神是对应的存在。

主神维拉科查是"世界之主"，他创造了其他的神、人，以及动植物。人们相信，维拉科查是蒂亚瓦纳科、卡拉尔、查文和瓦里文化的神。印加人保留了这一古老的信仰，让他稳坐主神之位。在中部沿海地区，维拉科查的称谓发生了变化：地震之神帕查卡马克，拥有属于自己的神庙。

据传说，维拉科查从的的喀喀湖中现身，并创造了天空与大地。他是文明的开端，熟知过去与未来。他常与因蒂鸟相伴，四处旅行。维拉科查虽是主神，但在得知人们未怀感恩之心后，他返回了天堂，并派出诸神管理凡间。只有在生死攸关之际，维拉科查才会重返人间。在基苏阿干查神庙中发现了维拉科查像，那是一个10岁左右的孩子或身材矮小的成年男子形象，他举起右臂，紧握右拳，像是正在严肃地指挥着什么。

与维拉科查不同，辅佐这位主神的众神与凡间保持着紧密联系。

❖ 信仰 神话和日常生活的场景经过艺术再加工出现在陶罐上。

其中最活跃的就是太阳神因蒂。他是古代世界的太阳神，也是人类的主宰，带有光线图案的金盘是他的标志。他是印加民间最重要的神祇，许多神庙都会为他献上黄金、白银和太阳圣女。印加人偶尔也会用死刑犯向他献祭。陪伴其左右的是他的妻子：天空之母——月神玛玛基利亚，她的神像位于太阳神庙中，由贞女祭拜。雷神尤拉帕紧随其后，掌管降雨，在帝国农业生产中占有举足轻重的地位。另外三位女神是玛玛帕查、玛玛萨拉和玛玛科查。玛玛帕查是大地之母，掌管土地收成和生育，人们祭拜她以求粮食丰收；玛玛萨拉是玉米和食物之母；玛玛科查是海洋之母，人们供奉她祈求风平浪静与收获丰富的渔产。

从神

除了维拉科查和辅神，印加人还信仰一些地位次之但比较重要的神灵，普通百姓经常向他们寻求庇护。其中几位星神最具代表性，如伴随太阳的晨星和守护月亮的晚星；彩虹神楚伊楚之所以封神，是

❖ **太阳岛**　印加人在沿海地区同样建有神庙与恢宏的堡垒，残存的遗迹讲述着往日的辉煌。

❖ **纺织** 印加纺织品上的图案常使用宗教元素。太阳神因蒂的形象作为装饰和礼仪元素经常出现在毛毯和披风上。

因为这位神灵代表着贵族们永葆青春与美丽；瓦西卡玛尤克是家庭守护神；卡沙卡玛尤克可防止盗贼入侵；在更普遍的层面上，奥基是家族守护神；苏帕伊统治冥界；瓦康是帕查卡马克的兄弟，他不但邪恶，还喜欢吞食儿童。

此外，任何被印加人认为具有超自然力量的物体和地点都会被神化。这些圣物遍布全国，被认为是创世者的体现。

祭拜

印加的祭拜活动主要在庙宇内举行。当他们与神沟通的时候必须保持虔诚的姿势。这一姿势被殖民者称为"莫查"：鞠躬的同时双臂前伸，张开双手，最后亲吻指尖。

人牲是对神最高的献礼，但只有在国王患病或爆发战争等重大事件发生时才会使用。除了被定罪的囚犯，人牲通常是10岁左右的儿童，偶尔也会选择成年人。不过，美洲驼或豚鼠等动物才是最常见的祭品。食品、纺织品、珍宝、奇恰

印加人的罪行

❖❖❖

围绕神灵崇拜而构建的文化往往带有明显的罪责意识。谋杀是最重的罪，其次是盗窃和违背王命。强奸等行为会受到道义上严厉的谴责与惩罚。若是通过向圣物和祭司忏悔仍然不足以洗刷罪过，那么，犯人将不得参加祭祀和庆典。祭司有权根据罪行的大小对其做出处罚：如果罪孽深重，可以直接判处死刑或从阿伊鲁除名；另一方面，如果罪行轻微，那么，绝食祈祷并在流水中沐浴即可洗刷罪恶，重新被世人接纳。

❖ **木乃伊**　印加人相信来生。印加统治者的木乃伊身着盛装，彰显出自己的权势。

酒等不同的祭品会用在不同的祭祀仪式中。例如：奇恰酒会泼在地上或倒入特殊的黄金器皿中；古柯叶将埋在地下；珍宝则投入水中；纺织品被焚毁。印加人在日出时会为神灵献上食物，然后献上美洲驼，埋下古柯叶。

毕卡斯瓦曼城在众多宗教建筑中鹤立鸡群，它建于钦查和波克拉被征服以后。史学家认为，该城住有大约40 000居民。城中建有举行祭祀仪式的大广场和两座大型建筑：太阳神庙和乌什努平顶金字塔。金字塔上层平台有一块名为"印加王座"的巨大石刻，起初还留有金箔衬里。另有其他重要的神庙群位于库斯科。印加击败昌卡人后，在帕查库特克执政期间开始了该城的工程建设，其中最宏伟的建筑就是供奉因蒂的太阳神庙。

生老病死

对印加人来说，生活中的重要事件与宗教仪式密不可分。例如，儿童2岁断奶、14岁进入

金属加工的发祥地

❖❖❖

印加人是合金冶炼的先行者。他们在秘鲁—玻利维亚高原和北部的沿海地区建立了多个生产中心。随后，金属加工技术及其制品传遍整个帝国，巨大的影响力甚至辐射到墨西哥沿岸。印加帝国沿海地区的银匠久负盛名，他们多为奇穆人和钦查人的后代。凭借着精湛的技艺，他们为库斯科统治者量身打造金银制品。有的供印加国王使用，有的用于祭祀活动。例如，在库斯科附近的苏里特有一群瓦伊纳·卡帕克银匠，他们来自厄瓜多尔地区，专为印加国王服务。

青春期等。届时，亲朋好友都将前来庆贺，参加仪式，并向太阳神祈求安康顺遂。富人阶层的庆祝活动更加丰富，包括牺牲祭祀、去圣地进行大规模朝圣。

❖ **马丘比丘**　该城的城市设计将农耕梯田和城市规划融为一体。

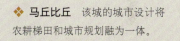

❖ **色彩绚丽**　这是古代印加文明的鲜明特点，印加后裔始终珍视这一文化特色。

印加的葬礼仪式非常隆重。逝者的至亲会前来吊唁，哀悼和缅怀逝者。死者若是女性，鳏夫一年之内不可再娶。葬礼期间，逝者的亲友在聚餐时见证裹尸的全过程。最后，逝者的大部分物品会陪葬入土，剩余的则被付之一炬。库斯科人的墓穴很小，因为逝者会以蜷缩的姿势下葬。墓穴用岩石和泥土堆砌而成，逝者的姓名刻在墓穴的石质顶部。

印加人相信，唯有至善、无罪的人死后才可以得到往生，当然，这是贵族阶层的特权。相反，邪恶的人将被永远被禁锢在饥寒交迫的地狱中忍受痛苦。有时，逝者的灵魂也会在阳间徘徊，向亲属不断索要食物和饮品。

婚姻

农夫的合法结婚年龄为24岁，农妇为18岁。除了印加王，其他人均实行一夫一妻制。另外，只能与同阶级的人成婚，严禁跨阶级通婚。为保持本族血统的纯正，禁止与其他部落通婚。史学家记录了印加人求偶的方式：男方会经常拜访女方家庭，并积极参与家务劳动。通过试婚可以检验新人是否相互了解，一旦试婚成功，男女双方就会结为夫妻；如果女方通奸或不能生育，婚姻就会破裂。倘若双方未达成协议，那么女孩就要返回自己家中。如果已经怀孕，孩子就交由母亲抚养。

治疗的艺术

印加医学很能体现信仰与日常生活的关系，它与魔法和宗教密不可分。印加人认为，诅咒或违反法律和道德会让灵魂脱离肉体，这是疾病的根源。因此，医师也是具备法力的占卜者或巫师。有趣的是，印加人对病源的执念使其在外科手术领域取得了积极的发展。例如，古柯叶和奇恰酒会被当作麻醉剂使用，利用各类草药和天然药水治疗多种疾病等。

伟大的史学家

假如没有史学家的辛勤付出，绚烂的印加文明就会遭受不可挽回的损失，变得支离破碎。他们将印加日常生活和文化中最精彩、最具有创造性的一面保留了下来，令后人惊叹不已。印卡·加西拉索·德拉维加（1539—1616）就是其中最重要的一员。他出生于库斯科，原名戈麦斯·苏亚雷斯·德·菲格罗亚，是西班牙船长和公主奇普·奥克略之子。1560 年，他远赴西班牙参战。其著作《印卡王室述评》被认为是编年史学的巅峰之作。亚罗维尔卡人的后裔费利佩·瓜曼·波马·德·阿亚拉也是杰出的史学家，他自称是图帕克·尤潘基之孙、卢卡纳斯酋长之子。1908 年，其著作《致国王的信》在哥本哈根图书馆的书卷里被发现，书中大量的插画生动地记录了印加风俗。

❖ **草图**　除了文字，瓜曼·波马还留下了许多弥足珍贵的草图。

住宅

印加农舍千篇一律，都是平面为长方形的平房。墙壁用石块、泥土或土坯砌成，地面为夯土结构，屋内除炊具外几乎空无一物。由于空间有限，城内房屋通常设计为上下两层，由绳梯或木梯连接。◆

技术与材料

印加人对石材加工可谓了如指掌。为了让石块之间完美嵌合，他们将石块细细打磨。贵族房屋的修建更加讲究，所用石块的打磨也更加精细。

他们知道如何将大小不一、形状各异的石块嵌合在一起。

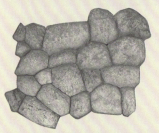

这种将小型石块嵌合在一起的做法叫做"enjambre"。

房门 窄门上挂着羊毛垫或门帘。屋内的窗户既少又小，屋门几乎就成了室内唯一的通风口。

屋顶 为双坡顶，在木制骨架上覆盖了一层稻草或秘鲁羽毛草。

家具 室内没有家具。人们在地板上铺上毯子睡觉。吃饭时席地而坐，不需要椅子。

敬神 虔诚的印加人会在墙壁上修建神龛，以便放置神像。

火塘 位于房屋中央，既能烹饪，也可在安第斯地区寒冷的夜晚用于取暖。

挂钩 印加人常用木制或骨制挂钩来悬挂衣物。

日常生活

印加社会是根据国家意志和需求建立起来的，其内部运行着一整套严格的规则，任何违反规则的行为都将受到严厉的惩罚。社会生活沿着既定路线前进，每个人在社会中的职业和等级均有明确划分。成家立业是印加男女步入成年的标志，会得到社会的认可。通过家庭劳动、着装方式、疾病及治疗方法等可以看出以集体主义为宗旨的印加文明的发展轨迹。◆

耳饰 从佩戴的饰品可以判断出其所有者的社会阶层。金饰是贵族女性的专利，农妇只能佩戴木制或骨制饰品。

服装不仅具备实用价值，也是区分社会等级的标志。生活在库斯科的贵族穿戴着用上好的纱线制作的衣服、斗篷与头饰。

印加男性肖像陶瓶

一家之主

男子有组建家庭的义务。如果无法找到配偶，国家将提供一份单身妇女名单供其选择。是否婚配是成年的标志，所以婚姻在印加社会至关重要。如发生通奸等特殊情况则允许离婚。

印加女性肖像陶瓶

女性

印加女性具备社会和经济地位。年满10岁的女孩会被分为两类，留在村里或为宗教仪式、印加王及贵族服务。前者不仅要在田间劳作，还要学习纺线和烹饪等家务。后者会住在特殊的建筑里，根据不同的服务对象接受宗教仪式及高级家务指导。

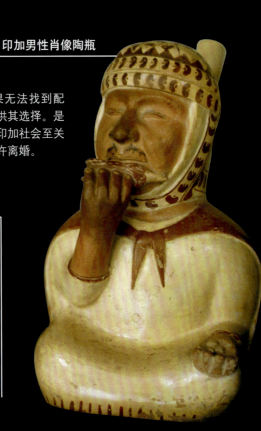

编年史学家费利佩·瓜曼·波马·德·阿
亚拉的画作所描绘的病人、恶魔和医生

医师与巫师

　　印加人认为，中邪、犯罪行为、恶意
攻击巫师会引发疾病，医师也会利用占卜
和巫术进行治疗。在救治过程中，有时
会让已康复的病患参与进来，因为
印加人相信，他们具备"抗体"。
在印加人的医疗过程中，草药和
天然药水使用频繁，手术也
很常见，仪式中使用的
图米刀也常被用做手
术刀。

分娩

　　除非有流产的
危险，否则即使是
头胎，孕妇也得不
到医疗救助。产后，
巫师会针对产妇举
行一系列的复杂仪
式：在产妇腹部涂
上一层由少女咀嚼
的糊状物，咀嚼时
少女不能摄入盐和
辣椒。

医生　在行
医过程中，
医生会使用
古柯叶和奇
恰酒为患者
进行麻醉。

农业

　　出于对农业的依赖，印加人知道如何最大限度地利用山川地形。他们要战胜恶劣的气候条件，克服崎岖不平的地形。为此，他们继承了安第斯文明的各项技术，并结合自身特点，发明出属于自己的新方法。印加人在海岸、山地和林区耕种，满足了对粮食的需求。当然，这离不开一个连接各区的强大的路网系统、良好的粮食生产管理，以及高效、公平的粮食储备、分配体系。◆

这尊塑像表现的是印加人制作"冻干土豆"的场景：先将土豆冷冻，再利用日光将其烘干。

印加人在山坡上建造的梯田

集约化生产

　　农业是印加主要的生产活动，大部分男女都需从事农业生产。崎岖的山区沟壑纵横，为了增加耕地面积，印加人不得不开山拓土，修建梯田，这样做极大地改变了地区面貌。梯田的前墙是由粗糙石块建造的挡土墙，梯田分为三层：下层为石块；中层铺砾石；上层填土。

梯田　修建在陡峭的安第斯山地，为人们提供了可耕种的土地。此外，它还可以防止水土流失、获取矿物盐。

两个扛着贡品的印加人雕像

劳动力 建造梯田需要大量劳动力。虽然不是奴隶制国家，但是印加帝国会让受罚的战俘或反抗者做苦工，例如，建造高山梯田。

"社会福利"

印加帝国奉行的平等主义虽未消除社会差异，但确实保障了人们的基本需求。个体或集体农业生产单位向印加王缴税，大臣负责重新分配。有学者主张，印加帝国存在"社会主义"倾向或"社会福利"特征。

1 **土豆** 土豆是印加人的主要农作物，许多菜肴都是用土豆烧制而成。此外，印加人还会食用其他植物的块茎，例如旱金莲、藜和酢浆草的块茎。

2 **玉米** 玉米被视为神圣的起源，它是印加国王近臣的主要食物。荒年的时候，玉米芯也会被作为食物保存起来。

3 **肥料** 印加人播种时，会将秘鲁鳀、沙丁鱼或海鸟粪便埋入田垄中充当肥料。

印加纺织品

纺织技术在安第斯地区历史悠久，它也是印加帝国鼎盛时期最杰出的传统技艺之一。印加人用不同的材料与技术制造出多种多样的服装和日常用品。纺织艺术充斥每个家庭，满足着人们的基本需求，无论衣服还是鞋子，样样不缺。印加人制作的纺织品在秘鲁、玻利维亚等安第斯地区广受欢迎。时至今日，这些地区生产的纺织品依旧保持了原始的设计和造型，享誉全球。◆

两种印加文化典型的纺织图案：几何图案和动物图案。

几何图案 如下图所示，印加织工用多种线条设计出错落有致的几何图形。

纺织品的其他功能

奇普是印加帝国主要的记数工具。它是基于结绳记事的辅助记忆系统，借助它可记录各种信息。专业人员处理结绳，而奇普保管人负责掌管全国或某个苏尤地区（行政区）的奇普。

费利佩·瓜曼·波马·德·阿亚拉绘制的奇普保管人，画作中再现了印加官员的工作场景。

印加毯

纺织艺术

大多数情况下，女性负责家庭纺织，她们的工作要满足家人的全部着装需求，男性负责制做挂毯或织锦等高级织物。"太阳圣女"会用骆马绒纺成的线为印加国王制作衣服。通常，山区多用羊毛、沿海地区多用棉花进行纺织。

"腰机"

用织机织布前，先将线用植物染料（从草药和谷物中提取）上色。织机包括固定式和移动式等类型，其中，"腰机"最为常见。

◆ 如今的印第安人依旧保持着古老的纺织技术。照片中的织女呈坐姿，将"腰机"放在腿上劳作

织物类型

印加人的织物分为两种：精细的"库姆比"和粗糙的"阿巴斯卡"。

1 **温库（长衫）** 雨披的前身，印加人的常用外套。

2 **口袋** 多为梯形，悬挂在腰带上。

3 **腰带** 这种宽腰带可当作口袋使用。

4 **投石器** 一种武器。

图案风格 印加织物中常出现想象的人物形象，形式较模式化。

兽形图案 蛇与鸟的形象在印加织物中具有特殊地位，它们常被设计成混合兽和神话动物。此外，美洲驼、骆马等本地物种的形象在织物中也很常见。印加织物一般多用对称的线条进行装饰。

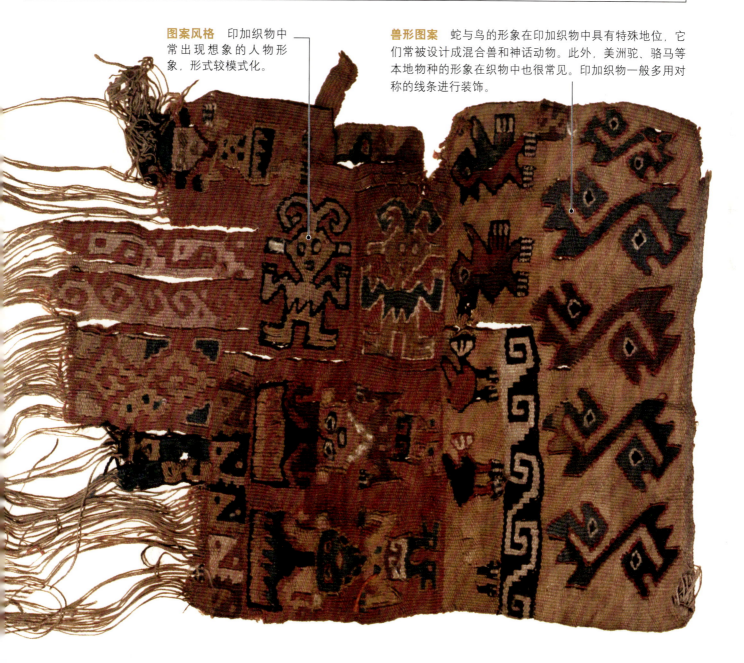

马丘比丘

这座 15 世纪的印加城市于 1983 年被列入《世界遗产名录》，它是建筑和工程的杰作，也是世界新七大奇迹之一，位于秘鲁乌鲁班巴河谷东科迪勒拉山脉海拔 2348 米的山巅。印加王帕查库特克被此地深深吸引，于是下令建造了这座行宫和圣地。马丘比丘建于梯田之上，依印加人的双重考量而分为神圣区、世俗区和祭司贵族区三部分，共有 140 栋建筑。印加内战和随后的西班牙殖民使该城沦为废墟，直到 1911 年才得以重见天日。◆

拴日石 意为"拴住太阳的石头"。这处神圣的遗迹如同日晷，当时的人们会在它的周围举行与二分二至日有关的仪式。

农业区 位于南端，由梯田组成。一道围墙、一条沟渠和一个楼梯将农业区和城市区分隔。

仓库 用于储藏食物，分上下两层，体积庞大。鱼肉、谷物、蔬菜、皮革等物品被分门别类地放在地板上。

发现者

美国探险家海勒姆·宾厄姆（图左）酷爱考古。"维特科斯"是比尔卡班巴丛林中反抗西班牙殖民者的最后一处避难所，"维特科斯"的传说令海勒姆心驰神往。1911年，他在向导梅尔乔·阿特亚加的带领下来到该地区。同年7月24日，他们抵达了一座名为马丘比丘的山峰，发现了完好的古城。于是，他将这座城市命名为马丘比丘。不久后，他带领一支考古队再次返回遗址，并将发掘出的首批文物带回了美国。

神圣区

马丘比丘古城的重要区域之一，阶梯从主广场延伸出来，连接起其他宗教建筑和栓日石。

1. 泉水之梯
2. 主神庙
3. 栓日石
4. 云窗庙
5. 南梯田
6. 普通居民区
7. 塔楼
8. 监狱
9. 研磨区
10. 三门区

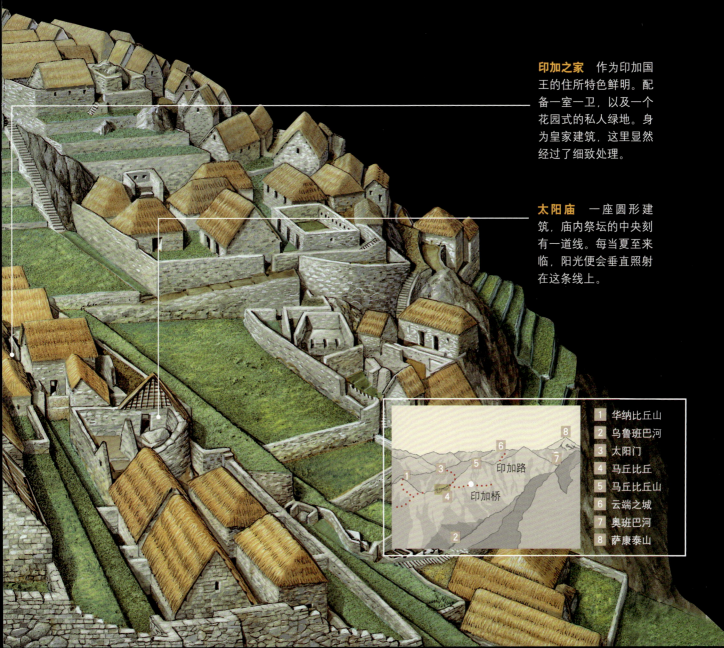

印加之家 作为印加国王的住所特色鲜明。配备一室一卫，以及一个花园式的私人绿地。身为皇家建筑，这里显然经过了细致处理。

太阳庙 一座圆形建筑，庙内祭坛的中央刻有一道线。每当夏至来临，阳光便会垂直照射在这条线上。

1. 华纳比丘山
2. 乌鲁班巴河
3. 太阳门
4. 马丘比丘
5. 马丘比丘山
6. 云端之城
7. 奥班巴河
8. 萨康泰山

印加路
印加桥

木乃伊

印加人习惯将尸体制成木乃伊，西班牙人征服秘鲁后禁止了这种做法，因为他们认为，这种异端行为有违基督教义。不仅如此，西班牙殖民者还对印加墓地进行了系统性的破坏，以至于后来任何有关木乃伊的发现都会让考古学家兴奋不已。1995 年，在白雪皑皑的安帕托火山，美国人约翰·莱因哈特和秘鲁人安东尼奥·查韦斯发现了一具木乃伊，此事震动了整个科学界，人们将其命名为"胡安妮塔"。经 DNA 研究发现，死者是一名 12~14 岁的女孩，死于 1440—1450 年。◆

印加墓中出土的冥器扁盘，以供逝者在来世使用。盘身饰有蛇形图案，可追溯至 1430—1443 年。

奇普

在众多陪葬品里，人们常常会发现一个或多个奇普。除了计数功能，它还记录了死者的生平。奇普多见于印加贵族和皇室墓葬中。

◆ 制做于1430—1532年的印加奇普

毯子 覆盖"胡安妮塔"的毯子保存良好。这一结果既多亏了寒冷的天气，也得益于毯子的高质量。

鞋 "胡安妮塔"的鞋就放在身旁，印加人相信死后世界的存在。

儿童木乃伊

左图是在尤耶亚科火山顶发现的三具儿童木乃伊之一。可以看出男孩下葬时身着华服，以备在另一个世界所用。印加人相信来生。

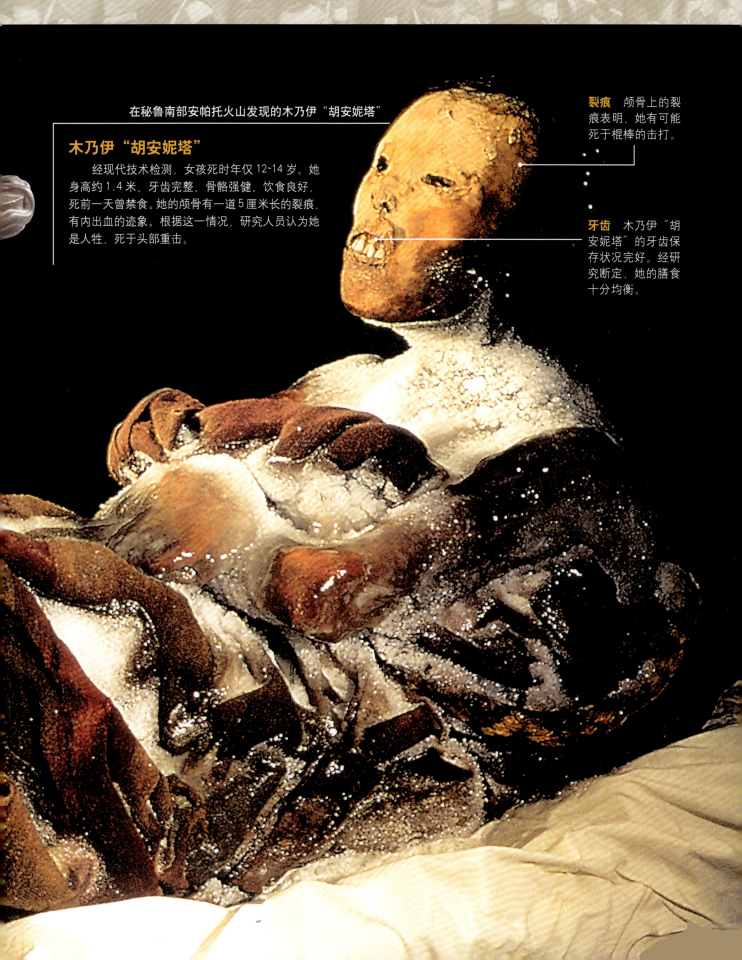

在秘鲁南部安帕托火山发现的木乃伊"胡安妮塔"

木乃伊"胡安妮塔"

　　经现代技术检测，女孩死时年仅 12~14 岁。她身高约 1.4 米、牙齿完整、骨骼强健、饮食良好，死前一天曾禁食。她的颅骨有一道 5 厘米长的裂痕，有内出血的迹象。根据这一情况，研究人员认为她是人牲，死于头部重击。

裂痕　颅骨上的裂痕表明，她有可能死于棍棒的击打。

牙齿　木乃伊"胡安妮塔"的牙齿保存状况完好。经研究断定，她的膳食十分均衡。

太阳节

太阳节是献给太阳神因蒂的节日，也是印加最庄严盛大的庆祝活动。太阳祭在过去曾经非常普遍。每年都会有大批人员跟随印加国王和库斯科贵族聚集在太阳神殿和萨克塞华曼要塞，向太阳神祈祷和献祭。如今，人们依然按照古印加人的仪式和习俗每年庆祝太阳节。◆

庆典环节

太阳节庆祝活动犹如一个周而复始的闭环，这是为了加强大地与人类的联系。

4 献祭
一白一黑两头美洲驼将被献祭，其内脏和脂肪交给两名主祭司。

3 前往仪式中心
印加国王和其他人前往最大的仪式中心——萨克塞华曼，在那里向太阳神因蒂献上祭品。

2 最佳预言
印加国王立于主广场，当着围观民众的面敦促大臣励精图治。

1 开端
印加国王身着华服，带着他要求的贡品，被人从太阳神殿抬到城市主广场。太阳节正式开始。

CAPAC RAYMI

这是印加人庆祝新年的又一个年度庆典，届时，人们用流行舞蹈、比赛甚至模仿战争的方式庆祝贵族子弟进入青春期。

5 **解读**

祭司"卡帕·里库伊"根据美洲驼的肠子对来年进行预测，祭司"乌帕里里"根据美洲驼的脂肪发出预言。预言经大祭司"维拉格·乌玛"二次解读后，告知印加国王。

6 **庆典尾声**

太阳西垂，印加国王命众人撤离。仪式结束，但民众会继续庆祝多日。

纪年表

　　安第斯山脉历来是文明与文化得天独厚的发源地，其历史遗迹保存至今。尽管自然环境有时不尽如人意，但当地人以惊人的才智和创造力打造了繁荣社会，实现了和睦相处。农民、牧人和渔夫建造起一座座城市。无论是城市设计，还是宏伟的庙宇、广场和桥梁都让人惊叹不已。虔诚的印加战士为后世留下了丰富的知识与信仰财富，这些财富创造出无与伦比的艺术成果。

前1000—前300
查文文明
安第斯山区出现的第一个社会，其疆域曾扩展到厄瓜多尔。优秀的农业生产力不仅帮助其打通了与周边的联系，也为其长期的地区称霸奠定了基础。

前700—前200
帕拉卡斯文明
发源自秘鲁南部海岸的山谷。虽属农业社会，但海洋才是它的财富来源。

前100—600
维库斯文明
盛行于秘鲁北部海岸。满足统治阶级需求的军事主义是维库斯社会的主要特征，陶器和金、银、铜器加工是其重要的文化表现形式。

前300—600
雷奈伊文明
这个建立在美洲驼背上的文明拥有杰出的石刻技术，其文化遗产包括多样的大型石雕。

前300—600
纳斯卡文明
为了在干旱的土地上生存，这一农耕文明创造出了复杂的灌溉系统。此外，著名的纳斯卡线条完美地绘制出动物的形象，让研究人员惊讶不已。

100—600
莫奇卡文明
发源自秘鲁北部海岸。莫奇卡人是杰出的农夫、水手和渔民。

500—1200
蒂亚瓦纳科文明
发源自的的喀喀湖畔。根据杰出的建筑、陶器和纺织遗存，历史学家认为，它是安第斯文化之母。

500—1500
阿塔卡马文明
生活在阿塔卡马沙漠中的一群先民克服了恶劣的自然环境，成为出色的农夫。

700—1100
瓦里文明
这支在安第斯山脉南部繁荣发展的文明的疆域囊括普纳大部分地区和秘鲁海岸。瓦里人是道路建设的先驱者，实行军事扩张政策。

900—1470
奇穆文明
继占领莫奇卡的领地后，奇穆人又征服了整个秘鲁北部海岸。首都昌昌城曾是美洲大陆最大的城市。

印加帝国
乌林库斯科王朝

1200—1230
曼科·卡帕克
印加王朝创始人，统领库斯科地区各部落。他下令修建了第一座太阳神庙。

1230—1260
辛奇·罗卡
在位期间没有进行武力扩张。

❖ **伟大的雕塑家**　绝大多数的蒂亚瓦纳科石像不仅雕刻精致，而且体型庞大。

无与伦比的历史遗产
世外桃源马丘比丘

在领土和政治扩张的同时，印加帝国力图将被征服民族的许多在艺术、科学和技术方面的积淀融会贯通并为己所用。宏伟不朽的马丘比丘是安第斯文化，尤其是印加文明的综合产物。它不仅是高效生产的典范，还展示了一个有序且富含公共空间的城市设计，这些充分表明印加文明十分注重社会福利。

1260—1290

略克·尤潘基
征服了瓦拉部落。其在位期间，库斯科联邦逐渐成形。

1290—1320

迈塔·卡帕克
征服了阿克雅辉萨。其在位期间，印加成人仪式逐渐成形。

1320—1350

卡帕克·尤潘基
首位将领土扩张到库斯科以外的首领，先后征服了库亚马卡，安达马卡和孔蒂苏尤等部落。他也是最后一位拥有"辛奇"或"曼科"头衔的部落首领。

阿南库斯科王朝

1350—1380

印加·罗卡
首位使用"印加"头衔的人，征服了库斯科的周边地区。

1380—1400

亚瓦尔·瓦卡克
在位期间发生了多起威胁国家统一的叛乱。

1400—1438

维拉科查·印加
为了维护其统治，修建了多座军事堡垒。发动了针对昌卡人的战争。

1438—1471

帕查库特克
在位期间疆域扩张达到顶峰，他将整个帝国划分为四部分。

1471—1493

图帕克·尤潘基
帝国向南扩张到智利和阿根廷北部，向北扩展至基多。

1493—1527

瓦伊纳·卡帕克
通过镇压叛乱加强对帝国的统治。击败了查查波亚斯人，吞并了瓜亚基尔海湾。

1527—1532

瓦斯卡尔
王储尼南·库尤奇去世后，瓦斯卡尔即位，此时，他不得不面对同父异母的兄弟阿塔瓦尔帕对王位的觊觎。控制库斯科的瓦斯卡尔与占据基多的阿塔瓦尔帕展开了一场血腥战争。后来瓦斯卡尔被俘，最终被阿塔瓦尔帕杀害。

1532—1533

阿塔瓦尔帕
在科塔巴姆巴斯战役击败瓦斯卡尔后，阿塔瓦尔帕的部队进驻库斯科。阿塔瓦尔帕在前往卡哈马卡加冕的途中被西班牙人俘获，随着他的被捕和被处决，印加帝国作为一支政治力量永久消失了。

1533

图帕克·瓦尔帕

1534—1572

比尔卡班巴的领袖们
西班牙殖民者迎来了来自比尔卡班巴（印加帝国最后的领地）的领袖们的抵抗，他们是：曼科·印加·尤潘基、塞里·图帕克·印加、蒂图·库西·尤潘基、图帕克·阿马鲁一世。

❖ **动物形象** 前印加文化中的艺术形象以人形或周围的自然元素为主。左图为猴形水罐。

术语表

阿可雅（太阳贞女）

被印加帝国招募参加宗教仪式的年轻女子。她们跟随老贞女接受特殊教育，时刻满足印加王的任何要求。

阿毛塔

智者，唯一接受教育的人。他们是贵族子女的智囊和老师。

阿帕奇塔

用石块堆积成的圣物，常见于山路或崎岖难行的道路两侧。

阿普

印加人对神山的称呼。人们相信，自然灾害都源于山神的不悦，所以要向大山献祭和祈祷。

阿普斯基帕伊

印加将军。

阿奇克

祭司阶层当中的占卜人员。

阿伊鲁（宗族）

印加帝国的基本社会单位。阿伊鲁内的每个人都拥有相同血缘纽带和祖先信仰，它与社区的概念类似。印加人年满2岁就自动加入阿伊鲁，没有例外。每个人都肩负着维护阿伊鲁的福利和进步的责任。为确保正常运转，阿伊鲁内部有一整套参政、领导、激励的机制。印加帝国的每个人都与阿伊鲁密不可分。

艾尼

指放牧、耕种、盖房等阿伊鲁内部工作，由阿伊鲁成员完成。

安蒂苏尤

为了更好地进行统治，印加国王将帝国划分为四个部分。安蒂苏尤位于库斯科东北部的丛林地区，属于阿南苏尤的一部分，与亚马孙森林相连。

昂卡

印加雨披。常用"印地圣花"——坎涂花等自然界图案为装饰。

奥基

印加王储的称谓。印加人没有采用长子继承制，只有能力最强、最富智慧的王子才能登上王位。王储会剪短头发，以示同臣民的区别。

巴拿迦

与印加皇族相对应的精英团体。他们负责照顾先王的木乃伊和个人物品，保留先王的记忆。此外，他们还是印加国王关于国家政务的直接顾问。

堡垒

带有石质围墙的军事建筑，印加武士在堡垒内部驻扎和接受训练。

编年史

一种用年代来排序的记录历史事实和事件的文献记载方法。研究编年史的学者被称为编年史学家。

波克查

印加的容量单位，相当于约28升。

波克托伊

印加的体积单位，相当于用手捧起谷物或面粉时，双手闭合后内部的体积。

波马廷亚

用美洲豹皮制成的印加大鼓。

楚琶（墓塔）

这种墓塔大小不一、形状各异。早期的墓塔是用土坯建成的，后改为石制。

楚斯帕（口袋）

一种小袋子，用来盛装仪式用的古柯叶和其他植物，常作为丧葬品。

冻干土豆

经过冷冻、脱水的土豆可以长期存放，这一点对印加军队军粮的储备和运输来说尤为重要。

反绘彩

绘画技法，先用蜡、蜂蜜等材料作画，再对作品表面进行熏制或涂漆。这样既可以对画面背景着色，又保留了被遮盖部位的原色。

盖那笛

印加与众安第斯文明乐器中的佼佼者。这种长笛两端开口，中间有孔。

古柯

印加和其他安第斯文明都将其视为一种神圣的植物，在医疗和宗教仪式中经常使用。

哈顿鲁纳（平民）

阿伊鲁内部的普通成员。

湖中耕地

的的喀喀湖畔的大片人工土地。这里经常因降雨引发洪灾，这些土地在非常时期还能够合理储存、利用水资源（从而为人们提供必要的口粮）。

华拉奇科伊（男性成人礼）

印加男子的成人礼标志着从男孩到男人的转变，男孩会在仪式上被授予人生第一条缠腰带。

卡布亚

即龙舌兰纤维，印加人用它制作布鞋、绳索、网和口袋。

卡马奇科奇

阿伊鲁内部组建的永久性的自治理事会，由其任命阿伊鲁的宗长。

卡斯瓦（舞蹈）

在农业庆典或其他节日中表演的印加舞蹈，流传至今。

卡图

印加集市。

卡伊·帕查

印加人相信这是宇宙的中间地带，是人类和地球的所在地。它代表有形的、当前的世界。

凯托

羊驼毛线。

科尔卡

印加帝国储存国管粮的地方。

科利亚苏尤

为了更好地进行统治，印加国王将帝国划分为四个部分。科利亚苏尤位于库斯科的东南部，属于乌林苏尤的一部分。大部分高原地区都属于科利亚苏尤。

科雅（王后）

"萨帕印加"的妻子，西班牙殖民以前印加帝国地位最高的女性。后来，这一称呼泛指印加王室贵女。

克丘亚语

印加官方语，安第斯各国的通行语言，但在各地又有所区别。

孔蒂苏尤

为了更好地进行统治，印加国王将帝国划分为四个部分。孔蒂苏尤位于阿雷基帕附近，属于乌林苏尤的一部分。它是帝国"四方位"（行政区）中最小的一个。

库拉卡（酋长）

印加帝国中比皇族地位略低的群体，负有一定的管理国家的职责。在社会中身居高位的他们，身边奴仆环绕。

库拉科科

村中职位较低的酋长，对酋长负责。他们负责在地方一级执行法律。

库姆比（织锦）

安第斯地区出产的精细织物。

奎库奇科伊（女性成人礼）

印加人庆祝女性进入成年的仪式。第一次来经后，女孩会居家隔离并禁食三天。随后，母亲会帮她梳洗打扮、穿上新衣。最后，女孩在亲朋好友面前被授予名字，这个名字将伴其一生。

奎罗

前印加时期的器皿，多为陶制，偶见木制或由金属材质制作。

兰帕

印加农具。

里克拉

印加的长度单位，相当于男子双臂向左右两侧水平伸展时，两个拇指间的距离。

鲁纳基帕

印加的管理会计师，掌管国家账务和人口数据。

鲁图奇科伊

男孩断奶时第一次剪发的庆祝仪式。家人与邻居边吃边跳，庆祝男孩更加独立生活的开始。因此，这个仪式具有非常的意义。

洛克罗

用脱水肉、冻干土豆等制作的炖菜。

骆马

安第斯物种，生活在牧草丰美而潮湿的高地。这种动物脖长、腿瘦、身材苗条。胸部的长毛直达膝盖，身体呈浅棕色，胸腹部的边缘呈白色。其毛纤细而珍贵，倍受纺织业推崇。

马斯凯帕查

指印加王身故后，新王加冕时佩戴的皇冠。只有大祭司才有资格为继任的新王加冕。

玛卡

印加的面积单位，指阿伊鲁内部的可耕种土地面积。

米塔迈

印加殖民者。为了取代原住民，殖民者拖家带口，一起被派往新征服的土地居住。

莫特

印加人最喜欢的一道菜：煮熟的玉米配上辣椒和香草。

穆卢斯

在秘鲁和厄瓜多尔海岸常见的用于宗教仪式和

装饰的贝壳。

拟人

将事物人格化。

欧雷洪人（大耳朵）

西班牙殖民者对印加贵族和首领的称呼。印加贵族为了彰显自己的地位，总是佩戴大耳饰。

潘帕斯

原本是指没有树的辽阔平原。该术语源自克丘亚语，意为无树的平原。

皮卡库纳

专为印加国王清扫道路的人。

普里克

年龄在25至50岁，需要劳作和缴税的印第安成年人。

普图图

用于演奏或预警的海螺。专门在印加人青春期仪式、迎接信使时使用。

奇普

一种结绳计数系统。在粗绳索上悬挂着几根细绳索，根据意义的不同，绳索的长短、粗细、颜色不尽相同。奇普被用来记录账务、统计数据和朝代信息。

奇普保管人

负责记录全部奇普信息的人。

奇恰酒

安第斯文明将其视为神圣的饮料，通过将玉米粉煮熟、发酵而成。由于这种酒呈淡黄色，于是人们将其和太阳神联系在一起，且经常将其用于宗教和葬礼仪式中。

钦察苏尤

为了更好地进行统治，印加国王将帝国划分为四个部分。钦察苏尤位于库斯科的西北，属于阿南苏尤的一部分。它是印加帝国版图的主体。

权杖

安第斯领袖权力的象征。

萨帕印加

意为"独一无二的君主"，这是对印加国王的称呼。

桑卡瓦西

布满野兽和毒蛇的地下监狱，只有重刑犯才会被关押于此。

商队领队

为了开展不同地区间的贸易流通和获取异域物资，领头人带领羊驼商队四处奔走。

圣物

克丘亚语，意为"圣物"，可以是神、建筑、圣地或圣人，含义十分宽泛。许多"圣物"拥有很高的声望和力量。

石雕头像

神庙及堡垒的墙壁上装饰有石雕头像。人们猜测，这些石雕头像可能代表已逝的先祖或被击败的敌人。

苏尤

意为地区、领地、部门。

塔万廷苏尤

对印加帝国领土的称呼，按照四个方位被划分为四个大区（行政区）。

太阳节

每年6月24日在库斯科举行，就像一场向太阳致敬的印加复活节。

太阳贞女宫

"太阳贞女"的住所。太阳贞女专门从事纺织、酿酒等生产活动，她们有义务向国家和印加王提供服务。史学家曾错误地将太阳贞女宫与基督教的修道院相提并论。在塔万廷苏尤的各省中心都建有贞女宫。

泰赫塔

铺设房顶用的粗厚稻草编织物。

坦波（客栈）

道路沿途配置饮用水、柴火和食物的哨所，可以满足信使和旅客的不时之需。

特权贵族

由祭司和高级首领组成的一部分能力出众、职位显赫的印加贵族阶层。

梯田

山区农耕用地，修建在丘陵和山坡的两面，上覆泥土以备耕种。梯田的各层由灌溉水渠相连。

图米刀

刀片呈半圆形，用青铜或黄金制成，刀柄为木制。在医疗或宗教仪式中使用。

图普

印加的土地面积单位。指没有子嗣的夫妇生存所需的最少土地。

托卡普

这种织物表面带有一系列的装饰图案。

托奇

石质战斧，也是战时对首领的称呼。

瓦拉卡

用于投射石块、土块的羊毛弹弓。绳索的中央加宽用于放置弹丸，通过旋转，甩出弹丸攻击目标。

瓦拉奇库伊

印加时期的公民仪式：青年男子通过常规测试后，会穿上代表成熟的缠腰带。从此他们就拥有了公民权。

腕尺

印加的长度单位，相当于从手肘到指尖的距离。

维拉格·乌玛

印加大祭司、太阳祭司、帝国大主教、精神领袖。出席最高级别的宗教仪式，负责预知未来。

维拉格·乌玛（大祭司）

通常是印加国王的直系亲属，负责监督与管理寺庙和圣物。

温库

印加男子常穿的一种长及膝盖的无袖长衫。西班牙殖民者将其称为"衬衫"。

乌库·帕查

印加人相信，乌库·帕查是一个自混沌时期就存在的地下世界，人死之后会回到那里。

乌什努

平顶、阶梯形的金字塔结构建筑，由多个矩形平台叠加而成，沿着中央楼梯可以拾级而上，常见于国家行政中心。乌什努的作用类似于讲台，印加国王及其代言人会在塔顶主持宗教仪式和家庭会议。

香蒲

莎草科水生植物，与纸莎草是近亲。香蒲可长到水面以上2~3米。其纤维被用来建造房屋和轻型船只。

信使

印加信使通常是身手敏捷的年轻人，他们能够背诵政令，携带"奇普"长途跋涉。

雅纳科纳

类似于奴隶阶层。据信，他们是帝国的反叛者，被迫接受奴役，参与各种劳作，例如服侍印加王和贵族、进行农耕或在战时运送物资。

羊驼

生活在安第斯山区的骆驼科动物，是当地畜牧业的基础。它们的出现解决了当地人的食物、运输等问题，羊驼毛为纺织生产提供了重要原料。羊驼温顺合群，早在印加文明以前就被当地人驯化。羊驼头小、耳短且向内弯曲、蹄尖、颈长、腿短。其毛色均匀，通常为黑巧克力色、黑色或白色。

徭役

为印加王而服的劳役，包括修建工程和兵役。徭役时间很长，每年2至3个月不等。

伊克亚

印加妇女披在衣服外面的斗篷，用金属别针固定在胸前。

依华亚

印加法律中针对贵族成员的一种特殊处罚：将巨石从距受刑者一米高处砸下，受刑者往往当场死亡或严重受伤。

印加

印加文化中的太阳的后裔，克丘亚语意为君主。拥有绝对的权力，他的话就是神谕。作为太阳神因蒂之子，人们对他顶礼膜拜。

尤库

印加的长度单位，相当于五指尽力张开后，拇指尖到食指尖的距离。

尤帕纳

印加算盘，用雕刻的石头或黏土制成，中间有代表十进制的隔断。有时，印加人也会用玉米或藜麦代替算盘进行计算。

羽毛艺术

用羽毛制作服装，或用羽毛对毯子、上衣、扇子和雨伞进行装饰。

制陶

制作大众化的家用陶器。